宪法与法治

—党政干部依法治国必修课—

新玉言◎编著

台海出版社

图书在版编目（CIP）数据

宪法与法治：党政干部依法治国必修课 / 新玉言编著. —北京：台海出版社，2015.4

ISBN 978-7-5168-0605-0

Ⅰ.①宪… Ⅱ.①新… Ⅲ.①宪法—中国—干部教育—学习参考资料 Ⅳ.①D921

中国版本图书馆 CIP 数据核字（2015）第 067568 号

宪法与法治：党政干部依法治国必修课

编　　著：新玉言

责任编辑：姜　航

装帧设计：张子航　　　　版式设计：红　英

责任校对：史小东　　　　责任印制：蔡　旭

出版发行：台海出版社

地　址：北京市朝阳区劲松南路1号　　邮政编码：100021

电　话：010-64041652（发行，邮购）

传　真：010-84045799（总编室）

网　址：http://www.taimeng.org.cn/thcbs/default.htm

E-mail：thcbs@126.com

经　销：全国各地新华书店

印　刷：北京中创彩色印刷有限公司

本书如有破损、缺页、装订错误，请与本社联系调换

开　本：710 mm×1000 mm　1/16

字　数：174 千字　　　　印　张：15.25

版　次：2015 年 5 月第 1 版　　印　次：2015 年 5 月第 1 次印刷

书　号：ISBN 978-7-5168-0605-0

定　价：36.00 元

前 言

宪法是社会文明秩序的一个宣言，人类社会发展到今天，人类掌握的最主要的管理社会的手段和法律武器就是宪法。当今世界，宪法已经成为最受关注的社会治理模式。依法治国是实现国家治理现代化的必由之路。

依法治国必然要有宪法，法治的核心是宪法和法律的实施。依法治国的核心就是依宪治国。中国共产党的十八届四中全会通过的《中共中央关于全面推进依法治国若干重大问题的决定》指出，“全面推进依法治国，总目标是建设中国特色社会主义法治体系，建设社会主义法治国家”。同时强调要“完善以宪法为核心的中国特色社会主义法律体系，加强宪法实施”。宪法和法律的有效实施不仅需要制度的支撑，更需要宪法意识深入人心。宪法是否得到足够尊重，宪法的实施是否受到严格的监督，已成为人们判断依法治国水平如何的重要标准。

宪法和法律意识是决定法律制度能否得到有效运作的内在动因，也是依法治国、建设社会主义法治国家目标得以实现的社会文化条件。一部法律包括宪法，不管它制定得多好，如果是大家不知道，或者是大家没有这种意识去遵守，那么这部法律就不能发挥作用。

如果大家没有这种宪法意识，那就不可能按照宪法去办事。只有在全体人民中真正地确立了宪法和法律在调整人们各项行为中至高无上的权威，依法治国、建设社会主义法治国家才能成为全体人民共同奋斗的目标。因此，通过开展有关宪法的宣传、教育和普及工作，在公民中树立宪法权威和培育宪法意识就显得十分重要。

法贵有信，有信才有威。依法治国，离不开人们对法治的信仰。对每个公民来说，宪法都应该是必修课。然而由于种种社会原因和历史原因，公民的宪法意识从总体上说依然是比较薄弱的，例如，为数众多的人不知道宪法规定的重要内容，更多的人不知道宪法是干什么用的，公职人员缺乏宪法思维，等等。目前一些领导干部、公务员的宪法意识比较淡薄，社会上比较了解宪法内容的群众也不多。因此，必须努力提升全民的，尤其是国家机关工作人员的宪法意识，培育全民的宪法信仰。作为法治社会的公民，也许不懂佶屈聱牙的法律术语，但是一定不会忘记自己的合法权利；也许不能在法庭上雄辩滔滔，但是一定不会拒绝律师的辩护帮助；也许不愿承认法律是最大理性，但是一定不会怀疑法律捍卫正义。

通过对宪法的不懈的宣传和学习，让宪法“活”起来，增强公民对宪法的认同，激活宪法权利和义务，在国家和社会生活中彰显宪法价值，实现宪法价值的社会化和宪法规范的生活化，在每个公民心目中形成一种对宪法的阅读和追问精神。就像原最高人民法院院长肖扬所说：“每一个公民都能回过头，再读一读宪法的每一个条款，问一问自己，宪法规定的个人权利是不是得到充分保障，也问一问自己是否忠实地履行了宪法规定的义务；国家机关的每一名工作人员，也再读一读宪法的每一个条款，问一问自己，在行使权力过程中，是不是始终忠诚于宪法。”

列宁曾经说过，“宪法就是一张写着人民权利的纸”。其实，通过学习宪法，知道自己的国家是怎么来的，国家的性质是什么，特别是自己的权利和义务有哪些，这是当家作主的前提。公民的基本权利和义务是宪法的核心内容之一，宪法是每个公民享有权利、履行义务的根本保证。要让每一位公民无时无刻不提醒自己，守宪是最基本的义务，违宪是最严重的违法，形成尊重宪法、维护宪法的内心自觉。只有维护宪法和法律的权威和尊严，在全社会营造崇尚法治、尊崇法律的浓厚氛围，才能为宪法和法律实施提供良好的社会环境。

“吏不良，则有法而莫守。”广大公职人员是社会生活的引领者和示范者，人民群众对法治的信仰与公职人员对法治的信仰密切相关。在深入贯彻实施依法治国基本方略、大力推进依法执政的新形势下，提高公职人员法律素质和依法办事能力至关重要。随着全体公民特别是各级领导干部宪法观念的增强，国家各级行政机关运用法律手段管理社会水平的提高，宪法和法律就会获得人们发自内心的支持而得到有效实施，从而形成真正意义上的“法治”。

宪法的权威和生命在于实施。依法治国，要先从严格实施宪法开始。十八届四中全会强调：“一切违反宪法的行为都必须予以追究和纠正。”一次宪法的严格实施，就可以成为依法治国决心的一次展现。一次宪法的实施监督审查行动，胜过一万次的宪法宣讲。只有全体公民都认识到宪法才是保护他们权利的最终屏障，只有所有国家机关及其工作人员都认识到宪法是他们的最高行为准则，只有全社会牢固树立宪法至上、宪法至尊的观念，宪法才能真正走进我们的生活，才能成为国家真正的宪法，从而迎来中国法治和宪法的美好时代。

本书针对人们如何增强宪法意识，学习、尊重和维护宪法，养成依法办事的观念和习惯，进行了通俗而有针对性的介绍。书中从宪法与国家、宪法与社会、宪法与法治，以及宪法与我们每个人的生活息息相关的角度，讲述了宪法的基本知识、宪法的内容和功能、宪法普及与弘扬宪法精神、宪法与依法治国的关系、宪法的实施与监督等，剖析了人们对宪法的认识误区以及如何养成依法办事的观念和习惯，使广大人民群众认识到宪法不仅是全体公民必须遵循的行为规范，而且是保障公民权利的法律武器，使人们从实际生活中感受到宪法的存在与实际体现的价值，从而在全社会营造出学法、尊法、守法、用法的良好氛围。

编　者

2015.1

目　录

第一章 宪法概述

国家和政府从何而来？国家是通过什么方式，按照什么原则，来组织一切国家机关的？国家通过建立什么社会制度来实现其公共管理职能？国家与公民的关系如何？公民在自己的国家里，处于什么样的地位？

回答以上问题，都离不开宪法。宪法是一个国家的根本大法，是特定社会政治经济和思想文化条件综合作用的产物，它集中反映各种政治力量的实际对比关系，确认革命胜利成果和现实的民主政治，规定国家的根本任务和根本制度，即社会制度、国家制度的原则和国家政权的组织以及公民的基本权利义务等内容。

宪法作为一种文化产物，反映了一个国家、一个民族以及一个时代的特征，是国家意志、民族精神以及时代特征的集中体现。一部成熟的宪法文本，体现了特定国家的历史传统，体

现了该国的政治、经济、文化等综合因素，是该国文化传统的综合反映。宪法文本是一个国家文明传统的集中体现，联合国会员国的193个宪法文本各具特色，既有本国传统的体现，也在不同程度上体现人类共同的价值共识。

第一节　宪法的基本理论

一个团体要有一个章程，一个国家也要有一个章程。宪法就是国家的一个总章程，是国家的根本大法。宪法是一个国家的基本法，是一个国家公民权利的保障书，是国家所有法律的总和。国家制定宪法，归根结底在于为国家和社会制定并坚守一种秩序。宪法规定国家生活中的根本问题，对国家发展和社会稳定具有根本性、全局性、稳定性和长期性的作用，宪法可以使国家从无序走向有序，使整个社会活动规范有序地进行，保证社会健康发展、国家长治久安。

一、宪法的概念

“宪法”一词无论在中国还是在西方国家均古已有之，但它们的含义却与近现代的“宪法”概念及性质迥然不同。

在中国古代的典籍中，曾出现过“宪”、“宪法”、“宪令”、“宪章”等文字表述，泛指国家的规章、制度和法令。如《尚书·说命》中的“监于先王成宪”，《国语·晋语》中的“赏善罚奸，国之宪法”等，但这些都是普通法律，泛指典章制度和法令，与近现代宪法的性质与含义是不同的，都不是我们现在所说的宪法。在中国，将“宪法”一词作为国家根本法意义上使用开始于19世纪80年代。

如郑观应在《盛世危言》中使用“宪法”一词，要求清朝政府制定宪法、开设议院、实行君主立宪政治。1898 年，中国戊戌变法时，以康有为为首的维新派要求清廷制定宪法，实行君主立宪。1908 年，清政府迫于人民的压力，颁布了《钦定宪法大纲》以敷衍民意，从此“宪法”一词在汉语中就成为表述有关一国根本制度的法律的一个术语了。

在古代西方，“宪法”一词来源于拉丁文“constitutio”，本意有组织、构成、确立的意思。“宪法”一词也是在多重意义上使用的：一是指有关规定城邦组织与权限方面的法律。古希腊思想家亚里士多德曾在《政治学》一书中对 158 个城邦的政体进行比较研究，并根据法律的调整范围、作用及性质将城邦的法律分为宪法和普通法律。他指出，政体（宪法）为城邦一切组织的依据，其中尤其着重于政治所由以决定的“最高治权”组织。二是指皇帝的诏书、谕旨，以区别于市民会议制定的普通法规。在古罗马的立法和法学著作中，经常出现宪法或宪令的词语，古罗马皇帝查士丁尼的《法学总论》一书，仅在序言中就多处使用“宪令”一词。三是指欧洲封建时代用“宪法”表示在日常立法中对国家制度的基本原则的确认，含有组织法的意思。如有关确认教会、封建主以及城市行会势力的特权以及他们与国王等的相互关系的法律，如 1215 年英王约翰颁布的规定英王与英国贵族、诸侯与僧侣关系的《大宪章》等。英国在中世纪建立了代议制度，确立了国王没有得到议会同意就不得征税和进行其他立法的原则。后来代议制度普及于欧美各国，人们就把规定代议制度的法律称为宪法，指确认立宪政体的法律。随着 17、18 世纪欧洲文艺复兴时期人文主义思潮的出现，宪法词义逐渐发生了变化。一国的宪法，反映一国是怎样组织起来、怎样构成的。

由此可见，古代中国与西方在使用“宪法”一词时既有相同之处，也有不同之处，如古代西方的宪法往往侧重于组织法方面的意义，而古代中国的宪法词汇则没有此意，等等。

人们对于“什么是宪法”这一问题，也有种种不完全一致的解答。有人说：“宪法是规定政府的重要职权，人民基本权利的成文或不成文的根本法”（詹姆士）；有人说：“宪法是国家的根本法，包含政府成立的原则，规定主权的划分，指明行使各部分权力的人物和方法”（库力）；有人说：“宪法是一个根本法，政府依据它而组织，个人和法人的权利也依据它而确定”（查里士）；有人说：“宪法是规定政府组织及人民和政府间各种权利义务的根本规则或法律”（蒲莱斯）；孙中山先生给宪法所下的定义则为：“宪法者，国家之构成法，亦即人民权利之保障书也”（《中华民国宪法史前编序》）。[①]

什么是宪法？宪法作为一个法的部门，也叫宪法法或国家法，是规定国家根本制度和根本任务、规定国家机关的组织与活动的基本原则、保障公民的基本权利和自由的国家根本法。总之，宪法是一个国家法律体系中具有根本法律地位的法律规范的总称，具有最高的法律效力，是其他法律的立法依据，是一切国家机关、社会组织和个人的根本活动准则。

二、宪法的性质

宪法是法的组成部分，它集中反映各种政治力量的实际对比关

① 张友渔：《宪法与宪政》，原载《全民抗战》第118期，1940年4月13日。（参见张友渔著：《宪政论丛》（上册），群众出版社，1986年版，第97—103页）。

系，规定国家的根本任务和根本制度，即社会制度、国家制度的原则和国家政权的组织以及公民的基本权利、义务等内容。在本质上，它是国家的根本法，是阶级力量对比关系的集中体现，是民主制度的法律化，是实现阶级统治的重要工具。

宪法是一国政治力量对比关系的全面、集中表现，是统治阶级根本意志和根本利益的集中反映。宪法和其他法律一样，都是被上升为国家意志的统治阶级意志。但宪法在表现统治阶级意志过程中却存在自身的特点，宪法比其他法律更集中、更全面地表现了统治阶级的意志。在制定或修改宪法的时候，统治阶级必须全面综合地考察当时各种政治力量的对比关系，并以这种对比关系为依据规定宪法的基本内容。因此，如果说宪法是国家的根本法、宪法是公民权利的保障书、宪法是民主事实法律化的基本形式等是宪法本质属性的话，那么这些本质属性到底如何表现，其表现的程度怎样，等等，则取决于各种政治力量的对比关系。因此，宪法的本质在于，它是各种政治力量对比关系的集中表现。

宪法是各种政治力量实际对比关系的集中表现，具体讲是指：

（1）宪法是在阶级斗争中取得胜利的那个阶级的意志和利益的集中体现。这就是宪法的阶级性。无论是社会主义国家的宪法还是资本主义国家的宪法无不如此，超阶级的宪法是不存在的。宪法的内容无疑是统治阶级胜利成果的总结。所谓统治阶级的胜利成果，其中首要的是指该阶级所取得并保持的国家政权及有利于这个政权的社会秩序、经济秩序；其次，指服务于本阶级需要的根本制度和反映其统治经验的一系列根本性的方针政策。

（2）各种力量的实际对比关系决定并影响着宪法的具体内容。

（3）当各种力量的实际对比关系变化时，必然影响宪法的变化。

政治力量对比关系首要的是阶级力量对比关系。宪法反映阶级力量对比关系，表现在以下三方面：

（1）宪法是阶级斗争的产物。宪法是由在阶级斗争中取得胜利掌握国家政权的阶级制定的，是对阶级斗争的总结。1791 年法国宪法是法国资产阶级在 1789 年大革命中取得胜利的最后总结；1918 年苏俄宪法是俄国工人阶级在取得十月革命胜利后制定的；我国 1954 年宪法是中国革命胜利成果的总结。

（2）宪法规定了社会各阶级在国家中的地位及相互关系。宪法是统治阶级制定的，因而统治阶级在制定宪法时，首要的任务就是把统治关系法律化，即哪个阶级是统治阶级，哪个阶级是被统治阶级，哪个阶级是同盟者，使统治阶级的统治地位合法化。

（3）宪法随着阶级力量对比关系的变化而变化。这种变化主要表现为两种形式：一种形式是当阶级力量对比关系发生根本性的变化，即统治关系发生根本转变时，发生宪法阶级性质的转换，即由资本主义宪法变为社会主义宪法或者由社会主义宪法变为资本主义宪法。另一种形式是在阶级力量对比关系总体框架相同而具体的对比关系存在量的差异时，宪法的具体内容也有相应的变化。如我国 1954 年与 1982 年时的阶级力量对比关系有所不同，两部宪法虽然在性质上是完全相同的，但在具体内容上也就有所不同。

在政治力量对比中，阶级力量的对比居于首要地位。它既表现为统治阶级的力量比被统治阶级的力量强大，宪法只能由掌握国家权力的统治阶级制定；也表现为宪法随着阶级力量对比关系的变化而变化。在政治力量对比中，还存在同一阶级内部不同阶层、派别和集团之间的力量对比。同时，与其他法律相比，宪法所表现的各种政治力量对比关系还具有全面性的特点。尽管其他法律也表现政

治力量对比关系，但它们只着重于一个或者几个方面，而宪法则集中地、全面地表现各种政治力量的对比关系。

因此，宪法是以民主政治为本质属性，调整国家根本社会关系，规定国家的根本制度和根本任务，集中体现各种政治力量对比关系，保障公民基本权利，具有国家最高法律效力的国家根本法。

三、宪法的分类

所谓宪法分类是指按照一定的标准把宪法划分和归纳为不同类型的活动，有利于人们对不同性质和同一性质但具有不同特点的宪法进行比较和分析。

（一）传统的宪法分类

资产阶级宪法分类既包括传统的宪法分类，也包括现代的宪法分类。

1. 成文宪法与不成文宪法

成文宪法与不成文宪法是英国学者詹姆斯·布赖斯 1884 年在牛津大学讲学时首次提出的宪法分类，开创了宪法形式分类的先河。这种宪法分类所依据的标准为宪法是否具有统一的法典形式。

成文宪法是指具有统一法典形式的宪法，有时也叫文书宪法或制定宪法，其最显著的特征在于法律文件上既明确表述为宪法，又大多冠以国名，如《日本国宪法》、《中华人民共和国宪法》、《法兰西共和国宪法》，等等。尽管 17、18 世纪自然法学派提出的社会契约论可以说是成文宪法思想的重要渊源之一，但 1787 年的《美利坚合众国宪法》才是世界历史上第一部成文宪法，1791 年法国宪法则是欧洲大陆第一部成文宪法。因此，成文宪法是美国和法国资产阶级革命的成果，是资产阶级为了保障人权、确立新的自由主义政权

体制而制定出来的。当今世界绝大多数国家的宪法都是成文宪法。

不成文宪法则是不具有统一法典的形式，而由带有宪法性质的各种政治文件、法律文书、宪法判例和宪法惯例而组成的宪法。不成文宪法最显著的特征在于，虽然各种法律文件并未冠以宪法之名，但却发挥着宪法的作用。英国是典型的不成文宪法国家。英国宪法的主体由各个不同历史时期颁布的宪法性文件构成，包括 1628 年的《权利请愿书》、1679 年的《人身保护法》、1689 年的《权利法案》、1701 年的《王位继承法》、1911 年的《国会法》、1918 年的《国民参政法》、1928 年的《男女选举平等法》、1969 年的《人民代表法》，等等。英国之所以产生并长期保持不成文宪法，主要取决于英国资产阶级革命的不彻底性，以及英国民众对不成文宪法形式的习惯、历史传统与文化等。近年来，随着欧共体一体化的进程，一些英国学者也提出了制定成文宪法的主张。

2. 刚性宪法与柔性宪法

刚性宪法与柔性宪法也是英国学者詹姆斯·布赖斯最早提出来的。他在《历史研究与法理学》（也译为《历史与法学研究》）一书中，以宪法有无严格的制定、修改机关和程序为标准，将宪法分为刚性宪法和柔性宪法。刚性宪法是指制定、修改的机关和程序不同于一般法律的宪法。对此，一般有三种情况：一是制定或修改宪法的机关不是普通立法机关，而往往是特别成立的机关；二是制定或者修改宪法的程序严于一般的立法程序；三是不仅制定或修改宪法的机关不是普通立法机关，而且制定或修改宪法的程序也不同于普通立法程序。实行成文宪法的国家往往也是刚性宪法的国家。其理由在于，既然宪法是具有最高法律效力的国家根本法，应该具有较强的稳定性和最高的权威性，那么制定或修改宪法的机关就应比一

般法律的制定机关具有更高的权威性，制定或修改宪法的程序也应比一般法律更加严格。因此，刚性宪法是指在效力上高于普通法律、在修改程序上比普通法律严格的宪法。现在世界上绝大多数国家的宪法都是刚性宪法。

柔性宪法是指制定、修改的机关和程序与一般法律相同的宪法。在柔性宪法国家中，由于宪法和法律由同一机关根据同样的程序制定或者修改，因而它们的法律效力和权威并无差异。因此，柔性宪法是指无论在效力还是在修改程序上都与普通法律相同的宪法。实行不成文宪法的国家往往也是柔性宪法的国家，英国即其典型。哥伦比亚、智利、秘鲁和新西兰的宪法也是柔性宪法。

3. 钦定宪法、民定宪法和协定宪法

钦定宪法、民定宪法和协定宪法，是以制定宪法的机关为标准对宪法所作的分类。钦定宪法是指由君主或以君主的名义制定和颁布的宪法。1889 年日本明治宪法和 1908 年清政府颁布的《钦定宪法大纲》等都属于钦定宪法。民定宪法是指由民意机关或者由全民公决制定的宪法，民定宪法奉行人民主权原则，至少在形式上强调以民意为依归，以民主政体为价值追求。目前世界上绝大多数的宪法都是民定宪法。协定宪法则指由君主与国民或者国民的代表机关协商制定的宪法。现存最古老的协定宪法是 1809 年 6 月 6 日的瑞典王国宪法。协定宪法往往是阶级妥协的产物。当新兴资产阶级尚无足够力量推翻君主统治，而封建君主又不能实行绝对专制统治的情况下，协定宪法也就成为必然。如 1215 年英国的《自由大宪章》就是英王约翰在贵族、教士、骑士和城市市民的强大压力下签署的；法国 1830 年宪法就是在 1830 年革命中，国会同国王路易 · 菲利浦共同颁布的，等等。

（二）马克思主义宪法学的分类

随着无产阶级国家政权的建立，社会主义国家的宪法也随之得以制定。由于无产阶级政权及其赖以存在的经济基础根本不同于资产阶级政权，因而无产阶级国家的宪法与资产阶级国家的宪法之间也存在本质区别。因此，马克思主义宪法学以国家的类型和宪法的阶级本质为标准，把宪法分为资本主义类型的宪法和社会主义类型的宪法。这种分类方法最鲜明的特点在于揭示了宪法的本质，反映了宪法的阶级属性，因此是科学的分类。与本质分类相联系，列宁曾经指出：当法律同现实脱节的时候，宪法是虚假的；当它们是一致的时候，宪法便不是虚假的。列宁的这一论断被宪法学者概括为以宪法是否与现实相一致为标准对宪法进行的分类。

众所周知，作为字面上的、规范意义上的宪法，或者说书面宪法，至少在两大环节上与客观现实密不可分：一是在宪法制定过程中，宪法的基本内容以及宪法规范的具体表述，都必须立足现实，从客观实际生活中的政治、经济、文化等具体条件出发。如果书面宪法没有客观现实基础，那么也就意味着宪法的具体规定没有现实针对性，就不能促进社会的发展。因此，书面宪法必须来源于社会现实。二是书面宪法制定后必须切实贯彻执行，必须实实在在地调整各种现实社会关系，否则，再好的宪法也等于一纸空文。

第二节　宪法的基本特征

宪法与刑法、民法、行政法、诉讼法等都是一个国家的法的组成部分，但它们在一个国家法律体系中的地位是不相同的，宪法是国家的根本法。

一、宪法是国家的根本法

宪法作为国家的根本法是宪法在法律上的特征，也是宪法与普通法律最重要的区别之一。在不同的宪法条文中，国家一词的内涵与表现形式是不同的。“国家”一词在我国宪法文本上的含义主要是：

一是在整个统一的政治实体意义上使用的“国家”。“国家”一词最常用的用法就是表示整个统一的政治实体，具体又可以分为主权意义上（对外）的国家和主权权力意义上（对内）的国家两种。前者如我国宪法序言第2自然段规定：“一八四〇年以后，封建的中国逐渐变成半殖民地、半封建的国家。中国人民为国家独立、民族解放和民主自由进行了前仆后继的英勇奋斗。”第67条规定：“全国人民代表大会常务委员会行使下列职权：……（十八）在全国人民代表大会闭会期间，如果遇到国家遭受武装侵犯或者必须履行国际间共同防止侵略的条约的情况，决定战争状态的宣布；……”后者常常使用的表达方式是“国家的权力”、“国家机关”、“国家机构”、“国家工作人员”、“国家权力机关”、“国家行政机关”等。

二是在与社会相对的意义上使用的“国家”。“国家”还经常与社会相对应，常常使用的表达方式是“国家和社会”等。例如宪法第45条规定：“中华人民共和国公民在年老、疾病或者丧失劳动能力的情况下，有从国家和社会获得物质帮助的权利。国家发展为公民享受这些权利所需要的社会保险、社会救济和医疗卫生事业。国家和社会保障残废军人的生活，抚恤烈士家属，优待军人家属。国家和社会帮助安排盲、聋、哑和其他有残疾的公民的劳动、生活和教育。”

三是在与地方相对的意义上使用的“国家”。“国家”有时还与

地方相对应，往往是在与地方有关的领域使用，这时其含义主要是指中央。如宪法第 118 条规定：“民族自治地方的自治机关在国家计划的指导下，自主地安排和管理地方性的经济建设事业。国家在民族自治地方开发资源、建设企业的时候，应当照顾民族自治地方的利益。”因此，在分析国家含义和功能时，应结合宪法文本的具体内容进行判断，不能把国家的内涵绝对化。

宪法作为国家的根本法，它同一般法律相比，有以下三个特点：

1. 在内容上，宪法规定国家最根本、最重要的问题

在内容上，宪法规定一个国家最根本、最重要的问题。宪法作为一个国家的根本法，它确立了一个国家的根本制度。诸如国家的性质、国家的政权组织形式和国家的结构形式、国家的基本国策、公民的基本权利和义务、国家机关与公民之间的关系、国家机构的组织及其职权等最根本的问题，都在宪法中作出了明确规定。这些规定不仅反映着一个国家政治、经济、文化和社会生活等各个方面的基本内容及其发展方向，而且从社会制度和国家制度的根本原则上规范着整个国家的活动。其他法律所规定的内容通常只是国家生活中的一般性或具体领域的问题，如刑法规定什么是犯罪及犯罪行为如何追究刑事责任问题；婚姻法主要调整婚姻和家庭生活方面的问题等。我国宪法序言明确规定：“本宪法以法律的形式确认了中国各族人民奋斗的成果，规定了国家的根本制度和根本任务，是国家的根本法，具有最高的法律效力。”

宪法解决的是国家政治、经济和社会生活中带全局性、长期性、根本性的问题。与其他法律所规定的内容通常只是国家生活中的一般性问题，而且只涉及国家生活和社会生活中某些方面或某一方面相比，宪法具有国家总章程的意义。宪法不同于普通法律。宪法的

内容涉及一个国家的政治、经济、文化、社会、对外交往等各方面的重大原则性问题，涉及国家的根本制度和基本制度问题，而普通法律所规定的内容，只涉及国家生活或者社会生活中某一方面的重要问题。

2. 在法律效力上，宪法的法律效力最高

在法律效力上，宪法具有最高法律效力。所谓法律效力，是指法律所具有的约束力和强制力。国家制定的任何法律都应具有法律效力，宪法的法律效力高于普通法律，在国家法律体系中处于最高的法律地位。我国现行宪法在序言中明确规定："本宪法以法律的形式确认了中国各族人民奋斗的成果，规定了国家的根本制度和根本任务，是国家的根本法，具有最高的法律效力。"

一般情况下评价公民行为的依据是法律，通过法律解决纠纷。宪法的最高法律效力主要包括三个方面的含义：

（1）宪法是其他一般法律的立法基础。宪法是制定普通法律的依据，普通法律是宪法的具体化。因此，立法机关在立法时必须以宪法的规定为依据，使法律具有合宪性。

（2）任何普通法律、法规都不得与宪法的原则和精神相违背。为了保证宪法与法律的一致性，各国普遍实行不同类型的违宪审查制度，宣布违宪法律无效。对此，我国宪法明确规定："一切法律、行政法规和地方性法规都不得同宪法相抵触。"

（3）宪法是一切国家机关、社会团体和全体公民的最高行为准则。对此，我国宪法规定："全国各族人民、一切国家机关和武装力量、各政党和各社会团体、各企业事业组织，都必须以宪法为根本的活动准则，并且负有维护宪法尊严、保证宪法实施的职责。"这里，"各政党"当然包括作为执政党的中国共产党。宪法上述规定同

《中国共产党章程》关于“党必须在宪法和法律的范围内活动”的规定是一致的。

3. 在制定和修改的程序上，宪法比其他法律更加严格

由于宪法是根本法，它是人民意志的集中体现，所以宪法的制定一般需要经过特殊的程序。从宪法创制的过程来看，宪法制定应当是属于一个国家统治阶级的人民，宪法制定权只能属于人民，任何国家机关或个人都无权制定宪法。人民制定宪法的方式通常表现为一部新的宪法的制定必须由一个国家所有符合条件的公民参与讨论，提出立宪的建议，然后通过特殊的程序予以通过。

宪法草案的制定一般要求成立一个专门机构，宪法草案的通过一般要求最高立法机关的议员或者代表的特定多数，如2/3、3/4或者4/5以上的多数通过，有的国家还要求举行全民公决。而普通法律的通过只要求立法机关的议员或者代表过半数同意即可。在宪法修改方面，只有宪法规定的有限的特定主体才可提出修改宪法的有效议案。如我国宪法的修改必须由全国人大常委会或者1/5以上的全国人大代表提议。另外，修改宪法的程序比普通法律严格。我国宪法规定，修改宪法由全国人大以全体代表的2/3以上的多数通过，而普通法律的修改由全国人大及其常委会以全体代表或委员的过半数通过即可。

在制定和修改的程序上，宪法比其他法律更加严格。既然在成文宪法国家中，宪法是具有最高法律效力的国家根本法，那么必然要求宪法具有极大的权威和尊严；而严格宪法的制定和修改程序，则是保障宪法权威和尊严的重要环节。具体说来：（1）制定和修改宪法的机关，往往是依法特别成立的，而并非普通立法机关。如1787年的美国宪法由55名代表组成的制宪会议制定，等等。（2）

通过或批准宪法或者其修正案的程序，往往严于普通法律，一般要求由制宪机关或者国家立法机关成员的2/3以上或者3/4以上的多数表决通过，才能颁布施行，而普通法律则只需要立法机关成员的过半数通过即可。美国的宪法修正案，须经国会两院2/3的议员同意，或者应2/3的州议会的请求而召开制宪会议，才能提出，而且该议案必须经3/4的州议会或3/4的州制宪会议批准，才能成为宪法的组成部分，并发生宪法的效力。我国宪法第64条第1款规定："宪法的修改，由全国人民代表大会常务委员会或者五分之一以上的全国人民代表大会代表提议，并由全国人民代表大会以全体代表的三分之二以上的多数通过。"

此外，宪法与普通法律相比，监督实施的手段不同。监督宪法实施的权力往往属于最高国家权力机关或者专门的司法机关。

二、宪法是公民权利的保障书

从宪法与国家关系看，宪法是国家的根本法，具有最高法律效力，而国家负有保障和实现人权的义务。因此，作为国家根本法的宪法最重要、最核心的价值是保障公民权利与自由。从这种意义上讲，宪法是公民权利的保障书。1789年的法国《人权宣言》就明确宣布，凡权利无保障和分权未确立的社会就没有宪法。列宁也曾指出，宪法就是一张写着人民权利的纸。由此可见，宪法与公民权利之间存在着极为密切的联系。

从历史上看，宪法或者宪法性文件最早是资产阶级在反对封建专制制度的斗争中，为了确认取得的权利以巩固胜利成果而制定出来的。英国在17世纪资产阶级革命时期，曾于1679年通过了《人身保护法》，1689年通过了《权利法案》，以确认和保障公民的权利

和自由；1791 年的法国第一部宪法则把《人权宣言》作为宪法的序言。世界上第一部社会主义宪法——1918 年的《苏俄宪法》，也将《被剥削劳动人民权利宣言》列为第一篇，表明社会主义宪法同样具有公民权利保障书的意义。

从宪法的基本内容来看，宪法的规定涉及国家生活的各个方面，但其基本内容仍然可以分为两个部分，即国家权力的规范和公民权利的保障。就两者的关系而言，公民权利的保障居于核心与支配地位。因此，在国家法律体系中，宪法不仅是系统全面规定公民的基本权利的国家根本法，而且其基本出发点就是保障公民的权利和自由。

三、宪法是民主事实法律化的基本形式

如果说宪法的基本出发点在于保障公民的权利和自由，那么这种对公民权利和自由的保障，则是民主最直接的表现，或者说是民主事实的必然结果。

近代意义的宪法是资产阶级革命取得胜利、有了民主事实之后出现的产物，是资产阶级民主事实的法律化。伴随着资本主义生产关系的形成和资产阶级革命的胜利，资产阶级不仅夺得了国家政权、争得了民主，而且也面临着反对封建势力复辟、防止工农革命、培养本阶级管理国家人才这三大任务。为了完成这一任务，最好的办法便是把自己争得的民主事实法律化、制度化，并且把这种规定、确认民主事实的法律上升为根本法的地位。由此可见，宪法与民主事实密不可分，是民主事实法律化的基本形式。

在宪法、民主与法治的关系中，一方面，从宪法产生的那一天起，它就与民主紧密地联系在一起。“资产阶级在革命过程中倡导建

立的民主制度，既是资产阶级宪法产生的政治前提，又是资产阶级宪法本身的政治内容”[①]。民主是宪法的政治内核，宪法的政治内容就是民主制度的法律化。无论是资产阶级的宪法还是无产阶级的宪法，都是把在革命中取得的民主制度化、法律化，都是以民主制度作为政治前提和政治内容的。正如毛泽东所说：“世界上历来的宪政，不论是英国、法国、美国，或者是苏联，都是在革命成功有了民主事实之后，颁布一个根本大法，去承认它，这就是宪法。”[②]

社会主义宪法也是如此。虽然无产阶级民主与资产阶级民主、社会主义宪法与资本主义宪法存在本质区别，但在宪法是民主事实法律化的基本形式上则存在着共同性。从1918年《苏俄宪法》的制定到第二次世界大战胜利后东欧和亚洲等一系列国家的社会主义立宪运动都可看出，无产阶级民主事实是社会主义宪法产生的前提条件，而社会主义宪法则是无产阶级民主事实的法律化。

我国宪法对民主制度的规定主要表现为：以根本法的形式确认人民当家作主的宪法地位；规定了人民代表大会制度的基本原则；通过规定选举制度、基层群众性自治组织等形式，不断扩大社会主义民主的基础；随着社会主义民主制度的发展，宪法在内容和形式上不断得到完善。

总之，宪法与民主紧密相连，民主主体的普遍化或者说民主事实的普遍化，是宪法得以产生的前提之一。而且，基于宪法在整个国家法律体系中的根本法地位以及宪法确认的基本内容主要是国家权力的正确行使和公民权利的有效保障，可以说，宪法是民主事实

① 杨泉明：《宪法保障论》，四川大学出版社，1990年版，第12页。

② 《毛泽东选集》第2卷，人民出版社，1991年第2版，第735页。

法律化的基本形式。当然，宪法与民主价值之间也会出现冲突与矛盾，民主可能存在的非理性行为需要通过宪法程序加以纠正或解决。既要保护多数人的利益，同时也要保护少数人的利益，是现代民主政治发展的基本要求。

第三节　宪法的基本原则

宪法基本原则是指人们在制定和实施宪法过程中必然遵循的最基本的准则，是贯穿宪法的制定、实施和遵守、监督等各个环节始终的基本精神。任何一部宪法都不可能凭空产生，都必须反映一国当时的政治指导思想、社会经济条件和历史文化传统。宪法基本原则是对这些方面的集中反映。认真、全面地分析和归纳宪法的基本原则，对于了解宪法发展的规律性，特别是资本主义类型宪法与社会主义类型宪法的历史联系，将具有十分重要的意义。

宪法的基本原则是宪法内容所包含或所表现的特定社会的基本价值和观念，以及宪法所要达到的基本社会目的。宪法本身是国家制度的原则性规定，而宪法的基本原则又是建立国家制度的原则，一切宪法的内容都要以宪法的基本原则为指导建立。所以，宪法的基本原则又被称为“立国精神”（founding rules）。一部宪法可能要经常修改，但这种立国精神则不能修改，否则就等于重新制定宪法了。因此，宪法的基本原则是指人们在制定和实施宪法时所遵循的理论依据或基本标准，它是调整整个国家制度和社会制度的基本法则，是贯穿立宪和行宪的基本精神。

马克思主义宪法学认为，西方国家的宪法原则就有两个：一个

是资本主义原则，一个是资产阶级民主原则。不同类型的宪法具有不同的政治本质和价值要求，资本主义宪法的基本原则不同于社会主义宪法的基本原则。世界各国政治、经济、文化、历史和传统都有差异，因此，各国宪法的基本原则也不尽一致，如德国把联邦制奉为宪法原则，但法国却把共和制列为不可修改的对象。这里所介绍的宪法基本原则，是各国宪法包括我国宪法在内都一般应予以确认的。传统宪法理论和法律教科书认为，宪法的基本原则主要有人民主权原则、基本人权原则、法治原则和权力制约原则。

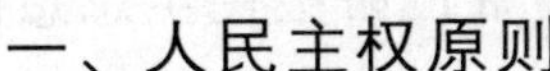

一、人民主权原则

（一）人民主权原则的概念与历史发展

主权是指国家的最高权力。人民主权是指国家中绝大多数人拥有国家的最高权力。人民主权原则又被称为主权在民原则，它所要解决的是权力来源与国家合法性问题。主权可以创造一切、变更一切，而没有其他的权力能够限制它。所以被称为最高权力。人民主权是指国家或政府的最高权力来源于和最终属于人民，即国家或政府的最高权力的“民有”，并且这种来源是政府或国家权力的合法化依据或前提。

近代意义的主权观念学界一般认为为法国人布丹（1530—1596年）所首倡。布丹全面地阐述了国家主权的重要性，他认为主权是在一个国家内进行指挥的绝对的永久的权力，是国家的最明显的标志，没有主权，国家就不成为国家。国家主权具有永恒性，它本质上属于国家而不属于政府。政府是可以变化、更替的，但国家是不变的。国家主权具有无限性和至上性，主权不受法律的约束，恰恰相反，它是法律的渊源。正是在国家主权的基础上，人民主权才得以可能。人民

主权只是国家主权的一种合法性话语和论证方式而已。在西方政治话语中，人民主权既是一种理论学说，也是一种宪法原则和价值。

在法国启蒙思想家卢梭看来，主权是公意的具体表现，人民的公意表现为最高权力；人民是国家最高权力的来源，国家是自由的人民根据契约协议的产物，而政府的一切权力都是人民授予的。因此，国家的主人不是君主，而是人民，治理者只是受人民委托，因而主权只能属于人民。

人民主权学说的出现是国家学说发展史上的一大飞跃，是资产阶级反对封建专制主义的锐利思想武器，是资产阶级民主思想的核心。民主制度的建立是宪法产生的政治前提，而资产阶级和无产阶级为了夺取民主革命的胜利，都曾经用人民主权学说来吸引和号召广大人民来参加反封建的斗争，并且把这一学说公开以政治宣言的形式昭示天下。因此，从1776年美国《独立宣言》宣布政府的正当权力须得到被统治者的同意、1789年法国《人权宣言》宣布整个主权的本原主要是寄托于国民以来，西方国家宪法在形式上一般都承认人民主权，并将其作为资产阶级民主的一项首要原则，而且在宪法中明确规定主权在民。

资产阶级民主革命获得胜利后，在制定宪法确认胜利成果的过程中，为了突显其制度的民主性和合法性，都将上述政治宣言作为其宪法的序言，使之成为最高法的一个不可分割的部分。以后这种体现人民主权原则的模式亦被许多国家在制宪时所效仿。如法国第五共和国宪法规定，“国家主权属于人民”；日本1946年宪法规定，“兹宣布主权属于国民”；意大利现行宪法规定，“主权属于人民，由人民在宪法所规定的形式和范围内实现之”，等等。

由于人民主权只是一种逻辑的抽象概括，各国宪法在表现人民主权时，除了把它确定为宪法的原则规范以外，一般还通过对公民权利与自由的规定和有关国家权力配置的规范，来将人民主权更加具体化。用宪法规范来体现人民主权原则一般有两种形式：一是宪法规范直接确认，明确宣布主权属于人民。如法国第五共和国宪法在第 1 章专门规定主权问题，并在第 3 条明确规定：“国家主权属于人民，由人民通过其代表和通过公民投票的方法行使国家主权。任何一部分人民或者任何个人都不得擅自行使国家主权。”二是间接宣布主权属于人民。受 1918 年苏俄宪法和 1936 年苏联宪法的影响，一些社会主义国家的宪法多规定“一切权力属于人民”，或属于工人、农民、士兵和劳动知识分子。这种规定虽然没有直接显示人民主权的字样，但体现了人民主权原则。由于“一切权力属于人民”是无产阶级在创建自己的政权过程中，在批判性地继承资产阶级民主思想的基础上，对人民主权原则的创造性的运用和发展，因此，“一切权力属于人民”实质上也就是主权在民。

（二）人民主权原则在我国宪法中的主要体现

宪法对法治国家的价值，首先就在于它是立国的政治宣言。不以宪法明确宣示主权在民的政治制度和社会制度的国家，无论其法律体系多么完备，也称不上是法治国家。宪法作为立国的政治宣言，在实质或至少形式上反映人民主权原则，其价值就在于实现人民当家作主，确保国泰民安。因为法律价值形态本来表达的就是正义，而社会制度与国家制度的合理是首要的正义。人民主权的实现，人民真正当家作主，这是法律价值的最高体现，是宪法的最高价值。当然，人民主权不能停留在口号与宣言上，必须贯穿于具体的政治制度和经济制度之中，这是当代法治实践必须解决的现实问题。

我国宪法第 1 条第 1 款明确规定：“中华人民共和国是工人阶级

领导的、以工农联盟为基础的人民民主专政的社会主义国家。”同时，第2条第1款规定：“中华人民共和国的一切权力属于人民。”人民民主专政的最主要的方面是，我们国家的一切权力属于人民，国家由人民当家作主。资本主义国家的宪法也有人民主权原则，但其理论依据是资产阶级思想家卢梭的社会契约论。我国宪法中规定的人民主权原则的理论依据，是马克思主义的国家学说。马克思主义的国家学说认为，国家是统治阶级压迫被统治阶级的工具，人民主权只能是统治阶级的主权。在我们国家，实行人民民主专政，人民是统治者，人民主权是指国家的主权属于全体人民，由全体人民行使当家作主的权利。

“权力”是指国家的权力，又称公共权力，是以国家名义并由国家机构行使的处理国家对内对外事务的权力。国家权力的范围十分广泛，它包括立法权、行政权、审判权和检察权以及其他的公共权力。在宪法中宣称国家的一切权力属于人民，不仅表明了国家权力的归属，同时也意味着任何国家机构在行使国家权力时，决不能侵犯人民的权利，损害人民的利益。国家的一切权力属于人民，说明不是所有的公民都享有国家权力，只有公民中的人民才有权参与国家管理。如公民中的被剥夺政治权利的刑事犯罪分子，就不享有管理国家的权力。这里的“人民”，是指全体人民，而不是指某一个人或者一部分人。

宪法同时规定实现人民主权的具体形式与途径，如宪法第2条第2、3款规定：“人民行使国家权力的机关是全国人民代表大会和地方各级人民代表大会。人民依照法律规定，通过各种途径和形式，管理国家事务，管理经济和文化事务，管理社会事务。”人民民主专政的国体，体现了人民当家作主，保证了社会主义国家政权性质。

人民民主主要有两种实现形式，一是选举民主，即人民通过选举、投票行使权利，让人民的代表来参与国家生活和社会生活的管理。在这方面，我们实行直接与间接相结合的选举民主，县以下人大代表实行直接选举，地市及以上人大代表实行间接选举；我们的基层民主，包括居民委员会、村民委员会、企业职工代表大会等民主形式，是群众身边的民主，有效防止了人民形式上有权、实际上无权的现象。二是协商民主，即人民内部各方面在重大决策之前进行充分协商，尽可能就共同性问题取得一致意见。人民民主是社会主义的生命。协商民主是我国社会主义民主政治中的特有制度，它丰富了民主的形式、拓展了民主的渠道、加深了民主的内涵。这两种民主形式相互补充、相得益彰，共同构成了中国社会主义民主政治的制度特点和优势。

宪法对公民基本权利和义务的规定也是人民主权原则的具体体现。为了体现人民主权原则，我国宪法规定了选举制度的基本原则，并以选举法具体给予保障。

二、基本人权原则

（一）人权的概念与发展

人权是指作为一个人所应该享有的权利。人权的主体是“人”，首先指作为自然意义上的人。当然，人存在于社会关系之中，是具体的社会中的人，因而当人权与某一个体的人相结合时，则不能不打上这个人所处客观社会历史条件的烙印，从而使人权在阶级社会中，具有鲜明的阶级性。但就人权最原始的意义而言，它在本质上首先属于应有权利、道德权利。

虽然在人权源起于何时问题上，学者们有所谓人权是人类社会

发展到一定阶级的产物，是在法律之后产生的，或者认为人权是随着人类的生产而产生的等不同论断，但人权口号由 17、18 世纪西方资产阶级启蒙思想家最先提出这一点上，则认识基本一致。

在奴隶社会和封建社会，不仅国家政权建立在“君权神授”基础之上，而且还公开推行等级特权和不平等。随着封建社会末期资本主义商品经济的产生和发展，资产阶级经济地位的不断提高，新兴的资产阶级强烈要求摧毁君权神授学说，建立以自由、平等为核心的发展资本主义的条件。因此，17、18 世纪的西方资产阶级启蒙思想家提出了“天赋人权”学说，强调人人生而享有自由、平等、追求幸福和财产的权利。在启蒙思想家提出的天赋人权学说和人权口号的指导下，资产阶级开始进行了争取人权的斗争。在资产阶级革命过程中以及革命胜利后，人权口号逐渐被政治宣言和宪法确认为基本原则。

（二）人权在宪法文本中的体现

人权在各国宪法文本中有不同的含义与表述方式。概括起来有以下几种：一是宪法文本中直接规定人权；二是宪法文本中不直接出现人权字眼，但解释上人权表现为基本权利或基本权；三是严格限制人权在宪法文本中的含义，直接以基本权利规定人权的核心内容；四是文本中同时出现人权与基本权利、基本的权利等表述，在实践中主要通过宪法解释方法确定其具体内涵。

人权是指人作为人应该享有的权利，是一个人在社会中应享有的政治、经济和文化等各项自由平等权利的总称。对公民的确认和保护是每一个国家宪法的重要组成部分。宪法所规定的公民权利即为公民的基本权利。社会主义国家建立以后，同样也在宪法中确认了基本人权原则。虽然在措辞上，社会主义宪法并未直接使用“人

权”一词，但宪法中有关“公民基本权利”的规定，实质上就是对基本人权的确认。我国宪法第 2 章“公民的基本权利和义务”专章规定和列举了公民的基本权利，体现了对公民的宪法保护。

由于资本主义宪法所体现的基本人权原则以资产阶级所有权为核心，因而虽然其宪法规范往往以公民普遍享有人权的形式表现出来，但它的特点在于以人权的普遍性掩盖人权的阶级性；社会主义宪法则在具体规范中，公开限制少数敌对分子的部分人权，其特点在于以人权的阶级性谋求人权的普遍性。

（三）基本人权原则在我国宪法中的体现

从《共同纲领》开始，我国宪法都规定公民的基本权利与义务，特别是 2004 年通过的宪法修正案规定了“国家尊重和保障人权”的宪法原则后，基本人权原则表现为国家的基本价值观。

新中国成立以来，国家虽然为促进和发展人民的各项权利从制度、政策和物质保障等各方面作出了长期不懈的努力，但是，先后颁布实施的《共同纲领》和四部《宪法》都没有使用“人权”概念，而只使用“公民的基本权利”概念。虽然从实际内容来看公民权利与“人权”概念并无二致，但是，由于宪法中没有“人权”概念和原则，使得我国的人权法律保障显得不够完整。

“人权”问题同“法治”问题一样，在 20 世纪 70 年代末和 80 年代曾是禁区。转机出现于 1991 年。这一年，国务院新闻办公室发表了我国第一份《中国的人权状况》白皮书，将人权称为“伟大的名词”。为“人权”正了名。6 年后，1997 年召开十五大，“尊重和保障人权”写入主题报告。2002 年 11 月的十六大，这七个字再次写进主题报告。2004 年 3 月，十届全国人大二次会议通过宪法修正案，在现行宪法第 33 条增加一款，作为第 3 款，写入“国家尊重和

保障人权”的规定。“国家尊重和保障人权”正式写入宪法，标志着人权由一个政治概念上升为法律概念。宪法修正案引入“人权”概念，用“国家尊重和保障人权”的原则来概括、提升和统摄宪法关于“公民基本权利”的规定，突出了人权原则，从而完善了人权的内涵。“尊重和保障人权”是他的人民要求自己的国家承担的宪法义务，是给国家机关、国家公务员规定的宪法职责。

除规定尊重和保障基本人权原则外，我国宪法还规定了公民参与国家政治生活的权利和自由、公民的人身自由和信仰自由、公民社会经济文化方面的权利等公民的基本权利，等等，这些都是基本人权的主要内容。宪法对公民基本权利的规定实际上是依照社会物质文化生活条件对应有人权所作的一种选择和确认；宪法发展和完善的过程也是对公民基本权利选择范围不断扩大，层次不断加深的过程，即公民享有权利的种类在增多。社会主义国家政权的本质特征就是人民当家作主，而公民基本权利和自由则是人民当家作主最直接的表现，因此，如果宪法不对此加以规定，那么，人民当家作主就只能是抽象的原则。特别是，根据我国社会发展的实际情况，为基本权利的实现提供了经济、社会与文化的保障，使基本权利的实现具有制度保障基础。公民的基本权利与人权之间的价值互换是通过一定形式实现的，至于实现的程度取决于社会发展对人权的需求与现实条件。

三、法治原则

（一）法治的概念与发展

宪法的存在本身就是实行法治的一个重要标志。法治原则在不同国家、不同时代、不同民族传统和法律背景之下，有不同的宪法形式体现。

法治是历史的概念，时代的变迁不断赋予法治以新的内涵。但无论社会的发展发生什么样的变化，法治所体现的限制国家权力、保障人权的基本价值是不会改变的。法治是指统治阶级按照民主原则把国家事务法律化、制度化，并严格依法进行管理的一种方式，是17、18世纪资产阶级启蒙思想家所倡导的重要的民主原则。如洛克认为，政府应该以正式公布的既定法律来进行统治，这些法律不论贫富、不论权贵和庄稼人都一视同仁，并不因特殊情况而有出入。潘恩也说，在专制政府中国王便是法律，同样地，在自由国家中法律便应该成为国王。其核心思想在于依法治理国家，法律面前人人平等，反对任何组织和个人享有法律之外的特权。

这种主张对于反对封建专制特权，确立和维护资产阶级的民主制起了很大的作用。因而资产阶级革命胜利后，各资本主义国家一般都在其宪法规定和政治实践中贯彻了法治精神。在他们看来，宪法本身就是国家实行法治的标志，并且一般都在宪法规范中宣布法律面前人人平等。在资本主义国家成立前后，法治原则一般集中体现在政治宣言或者宪法序言之中，另有少量的内容体现在宪法正文里面。这其中最为典型的是法国的《人权宣言》。当时体现法治原则的内容规定主要有：法律面前人人平等；未经审判不为罪，法律不得溯及既往；未经正当程序不得剥夺任何人的权利和自由，宪法所未列举的权利应为人民保留；国家机关不得行使法律所未授予的职权；司法独立；宪法是国家的最高法律，任何法律、法令都不得与宪法相抵触；国家机关之间应严格实行分权。《人权宣言》还宣布：法律是公共意志的体现，全国人民都有权亲身或经由其代表去参与法律的制定。法律对于所有的人，无论是施行保护或处罚都是一样

的。在法律面前所有的公民都是平等的，故他们都能平等地按其能力担任一切官职，除德行和才能的差别外不应有其他差别，等等。

“法治国家”概念本质上是与宪法秩序有着密切关系的政治概念，经过了不同的历史发展阶段。以自由、平等与正义的实现为基本内容的法治国家理念可追溯到古罗马时代。到了18世纪，法治国家作为与自由主义宪法国家相同的概念，形成了自身的理论体系，其内容包括：国家的活动必须依照法律进行；为了保护基本权利，需要从宪法规范角度建立独立的法院体系；国家的活动应限于人的自由保护领域等。自19世纪以后，法治国家进入到市民的法治国家阶段，即以市民社会为基础建立法治国家基础，如成文宪法的制定、权力的分立、基本人权的保障、国家赔偿制度的建立、行政的合法性、宪法裁判制度的功能等都是市民社会中法治发挥的功能。第二次世界大战后，法治概念发生了重大变化，强调了法治国家的实质内容，成为区分一般法律国家概念的价值体系，重视法律内容和目的，建立了以正义、平等与自由价值为基础的法治概念。

现代资本主义宪法在体现法治原则时，除了因应资本垄断化、全球化的趋势和社会民主化的潮流，在内容上呈现出行政权力不断扩大，公民权利大幅增加，法治标准趋向国际化等特点外，在形式上也颇有创新。概而言之，这些形式大致有四种：

第一种形式是在宪法序言中明确宣告为法治国家。如《葡萄牙共和国宪法》宪法序言便说道，“制宪会议庄严宣布：葡萄牙人民决心保卫国家独立，捍卫公民基本权利，确立民主制度的基本原则，确保法治在民主国家中的最高地位”。

第二种形式是在宪法正文中明文规定自己是法治国家。如《土耳其共和国宪法》第2条规定：土耳其共和国是一个民主的、非宗

教的、社会的法治国家。《摩纳哥公国宪法》第 2 条第 2 款规定："公国是一个法治国家，尊重自由和基本权利。"

第三种形式是虽不直接使用法治字样，但从其他内容或者文字可以推论出该宪法以法治为基本原则。如前联邦德国基本法不仅规定了它要实行三权分立的联邦政体，而且在《基本法》第 97 章第 1 节明文规定："法官应该独立，并仅服从法律。"同时它还规定基本法是具有切实效力的最高法律。

第四种形式是不直接宣布实行法治，也不用其他条文间接反映法治精神，而是用"基本原则"为章名或在其他各章中体现了法治的政治体制。我国学者一般认为西方资本主义国家宪法和我国宪法在体现法治原则时除了形式的不同外，还有实质的不同。[①]

法治原理实际上构成现代国家的原理，成为现代文明社会的标志，并在实践中逐步形成法治国家的概念。1959 年，在印度新德里召开的国际法学家会议通过的有关法治的报告是国际社会普遍公认的法治理想的综合反映，会议通过的《德里宣言》确认了如下法治原则：（1）根据法治精神，立法机关的职能在于创造和维持使个人尊严得到尊重和维护的各种条件。不但要承认公民的民事权利和政治权利，而且还需要建立为充分发展个性所必需的社会、经济、教育和文化条件。（2）法治原则不仅要防范行政权的滥用，而且还需要有一个有效的政府来维持法律秩序，借以保障人们具有充分的社会和经济生活的条件。（3）法治要求正当的刑事程序。（4）司法独立和律师自由。一个独立的司法机关是实现法治的先决条件。《德里

① 秦前红：《法治原则的宪法形式体现》，《民主与法治》2012 年第 6 期。

宣言》提出的法治“集中表现了全面正义的法治要求”[①]。可见，现代社会的法治精神是限制国家权力滥用，保障公民权利与自由。其中，保障人权又是现代法治本质的内涵。成熟的法治是人权价值普遍受到尊重的理想状态。人权和自由是“法治理想最高最广的发展阶段，它们超出了纯法律的范畴，进入了政治、经济和哲学的领域”[②]。法治作为普遍尊重人权的一种制度，反映社会变迁的要求，具有浓厚的文化基础。

社会主义国家政权的建立，使法治原则发展到了一个新的历史阶段。如果说资本主义国家的法治是体现资本特权的法治，那么社会主义法治原则则是以消灭特权为目的的法治。社会主义国家的宪法不仅宣布宪法是国家根本法，具有最高的法律效力，是一切国家机关和全体公民最高的行为准则，而且还规定国家的立法权属于最高的人民代表机关。这样，在社会主义国家中，不仅宪法和法律具有广泛深厚的民主基础，所有机关、组织和个人都必须严格依法办事，而且以生产资料的社会主义公有制作为坚强的后盾，从而使社会主义的法治原则有了真正实现的前提条件。

（二）法治原则在我国宪法上的体现

法治原则也是社会主义宪法的一项基本原则，它充分体现在社会主义国家宪法中。在我国，过去法治原则习惯上被称为法制原则。但这实际上却是两个具有不同含义的概念，法制是法律及其制度的总称，法治则是依法治理国家，具体表现为“有法可依、有法必依、执法必严、违法必究”，其核心是依法办事，可见法制要通过法治的

① 张文显：《二十世纪西方法哲学思潮研究》，法律出版社，1996年版，第623页。

② 陈弘毅：《法治、启蒙与现代法的精神》，中国政法大学出版社，1998年版，第66页。

活动才能实现。这种由静态到动态的过程，也就是法制的适用过程，即实行法治的过程。

1997 年 9 月，中共十五大通过的新《党章》再次重申了法治原则这一重要原则。十五大的政治报告提出了“实行依法治国，建设社会主义法治国家”的任务，并将依法治国确定为党领导人民治理国家的基本方略。特别强调“依法治国是党领导人民治理国家的基本方略，是发展社会主义市场经济的客观需要，是社会文明进步的重要标志，是国家长治久安的重要保障”。

1999 年 3 月 15 日，第九届全国人大第二次会议所通过的宪法修正案，在《宪法》第 5 条中增加一款：“中华人民共和国实行依法治国，建设社会主义法治国家。”这其中的“法治国家”既包括实质意义的法治内涵，也包括形式意义的法治要素，是一种综合性的概念，体现了维护宪法秩序的基本要求。宪法体系上的法治国家规定了法治秩序的原则和具体程序，形成政治统一体价值，保障国家权力运作的有序化。在宪法体系中法治国家的原理具体通过法治主义的实质要素与法治主义的形式要素得到体现。

除此以外，现行宪法的其他不少条款也体现了法治的精神，具体内容有：第一，在序言中郑重宣告中国要建设“富强、民主、文明”的国家，要发展社会主义民主，健全社会主义法治。确认宪法具有最高的法律效力，一切政党、团体、组织和个人必须在宪法和法律范围内活动。在总纲中明文规定：“国家维护社会主义法制的统一和尊严”，“任何组织或者个人都不得有超越宪法和法律的特权”。第二，在“公民的基本权利和义务”一章中确认“中华人民共和国公民在法律面前一律平等”，“公民的人身自由不受侵犯”，“公民的人格尊严不受侵犯”等。第三，在国家机构中规定人民法院和人民

检察院依法独立行使职权，不受社会团体、行政机关和个人的干涉。

四、权力制约原则

（一）权力制约原则的概念与历史发展

权力制约原则是指国家权力的各部分之间相互监督、彼此牵制，以保障公民权利的原则。它既包括公民权利对国家权力的制约，也包括国家权力相互之间的制约。权力制约之所以是宪法的基本原则，主要决定于宪法的逻辑起点和宪法的基本内容。尽管导致近代宪法产生的根本原因是商品经济的普遍化发展，但从政治的层面而言，则是国家权力所有者的转换。也就是说，当国家权力从过去由少数人所有转变为至少在形式上由多数人所有，即人民主权出现后，由于各种主客观原因，导致国家权力的所有者与国家权力的行使者相互分离。为了保障国家权力所有者应有的地位和作用，并使这种保障机制具有足够的权威，确认权利制约权力的国家根本法也就应运而生。就宪法的基本内容来说，不仅保障公民权利始终处于核心、主导地位，而且对国家权力不同部分之间的制约机制也有明确规定。

在资本主义国家的宪法中，权力制约原则主要表现为分权原则；而在社会主义国家的宪法中，权力制约原则主要表现为监督原则。

分权原则亦称分权、制衡原则。分权是指把国家权力分为几部分，分别由几个国家机关独立行使；制衡则是指这几个国家机关在行使权力的过程中，保持一种互相牵制和互相平衡的关系。分权原则是17、18世纪欧美资产阶级革命时期，资产阶级根据近代分权思想确立的。它为资产阶级革命以后建立资产阶级民主制度以代替封建专制制度提供了方案。1787年美国宪法就按照典型的分权、制衡原则，确立了国家的政权体制。法国《人权宣言》则称“凡权利无

保障和分权未确立的社会，就没有宪法”。受美、法等国的影响，各资本主义国家的宪法均以不同形式确认了分权原则。从资本主义各国政治实践看，分权原则对于确立和巩固资产阶级民主制度起了非常重要的作用。

社会主义国家的监督原则是由第一个无产阶级专政政权巴黎公社首创的。马克思指出：公社是由巴黎各区普选选出的城市代表组成的。这些代表对选民负责，随时可以撤换。恩格斯也指出：公社一开始就宣布它自己所有的代表和官吏毫不例外地可以随时撤换，来保证自己有可能防范他们。巴黎公社所首创的这一原则，被后来实行无产阶级专政的社会主义国家奉为一条重要的民主原则，并在各国宪法中作出了明确规定。

（二）权力制约原则在我国宪法中的体现

第一，宪法规定了人民对国家权力活动进行监督的制度，如规定“全国人民代表大会和地方各级人民代表大会都由民主选举产生，对人民负责，受人民监督”，“国家行政机关、审判机关、检察机关都由人民代表大会产生，对它负责，受它监督”等。

第二，宪法规定了公民对国家机关及其公务员的监督权，规定“中华人民共和国公民对于任何国家机关和国家工作人员，有提出批评和建议的权利”。

第三，规定了国家机关之间、国家机关内部不同的监督形式。如宪法第135条规定“人民法院、人民检察院和公安机关办理刑事案件，应当分工负责，互相配合，互相制约，以保证准确有效地执行法律”，等等。

尽管如此，但由于监督观念，特别是监督原则的法律化、制度化还有待加强，在社会主义国家的宪政实践中，权力制约原则的贯

彻落实还有许多工作可做。

第四节　宪法的功能和作用

宪法的功能是指由宪法本质决定的宪法所具有的功效和作用，它与宪法的价值和宪法的作用有密切的联系。宪法也是法，宪法的功能属于法的总体功能的范畴，即规范人们的行为、维护统治、管理社会。但是宪法与普通法律又有所不同，有它自己独特的、其他法律和规范不能取代的功能或作用。

一、宪法的功能

所谓宪法功能，是指宪法内容和原则在社会生活中产生的实际效果。宪法发挥功能首先要符合社会发展的客观要求，即具备正当性。正当性是宪法在社会生活中发挥功能的前提，需要在内容、程序与形式上具备正当性。宪法的功能就是宪法本身所具有的对社会生活能产生影响的内在属性，通常表现为宪法的外在作用。宪法的功能由宪法的本质所决定，并集中体现了宪法的价值。宪法的功能是宪法对国家机关、社会组织和公民个人的行为，以及社会现实生活的能动影响，是国家意志实现的具体表现。

从一般意义上来说，宪法的功能主要在于以下几个方面：

（一）确认功能

宪法是规定国家最根本、最重要问题的国家根本法，它将国家的政治、经济、文化和社会生活等各方面的基本制度确认下来，将统治阶级在各方面的意志集中表现为国家意志，从而巩固统治阶级

的地位。

就政治方面而言，宪法的作用主要是确认和巩固国家政权以及相应的政治制度和法律制度。统治阶级掌握的政权需要得到普遍承认，并要通过一定的方式来行使；社会秩序的建立，是统治阶级运用政权的力量，分配基本权利义务的结果。而这两件大事，都要依靠国家的根本大法——宪法来完成，普通法律可以支持宪法发挥这一功能，但普通法律本身却不具有这一功能。这一功能也是宪法独有的功能。宪法是通过确认和规定国家的根本制度，主要是国家的根本政治制度，来发挥这一功能的。

尽管宪法是在统治阶级掌握国家权力的前提下制定并在国家权力的支持下得以贯彻，但宪法对统治阶级的国家政权又起着巩固和保卫作用。这既表现在宪法以根本法的形式确认统治阶级权力的合宪性，任何侵犯这种权力的行为都属违宪，因而可以依法予以追究；也表现在通过确认有利于巩固统治者地位的根本制度和统治秩序，规定调整统治阶级内部不同阶层、集团之间相互关系的基本方针等内容，巩固统治阶级的国家政权。国家的基本政治制度不仅是国家权力得以运行的基本轨迹，是实现国家职能的基本条件，而且也是国家政权得以确认和巩固的基本形式。因此，国家的政治制度及其运行方式构成宪法的重要内容。同时，宪法对于国家的法制建设也具有重要作用，宪法作为其他法律的立法基础不仅为国家法制的统一奠定基础，而且为国家法制的完整奠定基础。

从经济方面来讲，宪法作为上层建筑的有机组成部分，对经济基础产生反作用。宪法对于经济基础的这种反作用主要通过三个途径实现：一是通过宪法规范确认其赖以存在的经济基础；二是通过宪法规范，使特定的所有制转化为所有权，从而影响经济基础的发

展；三是通过宪法规定国家的基本经济政策，从而影响国家经济的发展。

国家作为上层建筑，是建立在一定经济基础之上的。统治阶级的物质生活条件和经济地位是其成为统治者的根本原因。说到底，政权依赖于制度性的权利——生产资料的所有权。所以，用国家根本大法的形式，将保护统治阶级所赖以生存的生产资料所有权，规定为国家根本任务，并保证它的实现，就成为宪法的独有功能，这是普通法律办不到的。

虽然在资本主义国家的宪法中，有关经济方面的内容不多，但它通过规定“私有财产神圣不可侵犯”最终承认和保护了生产资料的资本家个人所有制，巩固了资本主义的经济基础。社会主义国家的宪法则公开确认生产资料公有制是社会主义经济制度的基础，并且宣布社会主义公共财产神圣不可侵犯，同时明确规定了各种所有制形式的法律地位，以及国家发展经济的基本政策，从而有力地促进了社会主义经济基础的巩固和发展。

就文化社会生活而言，宪法通过确认符合统治阶级利益的社会政治思想和伦理道德意识，规定国家统治和社会进步所必须的科学、文化，从而为统治阶级实现统治职能提供思想文化基础。特别是宪法通过规定国家发展科学研究和文化教育的基本政策，以及公民享有社会文化教育等方面的权利和自由，从而进一步推进国家文化社会生活的发展。

宪法的确认功能首先表现为对国家根本性问题的确认。(1) 对国家制度的确认，包括国家的政治制度、经济制度、文化制度，等等。(2) 确认宪法赖以存在的经济基础，宪法的性质和内容取决于经济基础的性质。(3) 对国家权力归属的确认，使统治阶级的地位得到合法化。即宪法作为民主政治的制度化和法律化，以根本法的形式，明确肯定了人民主权原则，规定国家的一切权力属于人民，使人民成为国家权力主体享有者的地位合法化。（4）对公民权利的确认。宪法对基本人权的确认，为人权保障提供了根本法上的依据。（5）对国家权力运行规则的确认。这样可以明确各国家机关的权限，防止滥用权力，保护公民权利。（6）确认法制统一的原则，为法律体系的有机统一和协调发展提供统一的基础。（7）确认社会共同体的基本价值目标与原则，为社会共同体的发展提供共同遵循的价值体系。

（二）保障功能

宪法对民主制度和人权的发展提供有效的保障。宪法是民主制度法律化的基本形式，对宪法上规定的各种民主原则、民主程序与民主生活规则，宪法提供了各种有效的保障。没有宪法的确认和保障，民主制度不能转化为具有国家意志的国家制度。宪法保障民主制度转化为具有国家意志的国家制度。

宪法既包括保障公民权利的实现，也包括保障国家权力的有效运行。

在宪法的保障功能中，人权保障是最核心的内容与原则。各国宪法以不同的形式规定了基本权利的内容、保障体制、限制标准等，从宏观上确立了公民与国家的相互关系，明确了公民的宪法地位。宪法确认和保障公民基本权利。在人民主权原则下，宪法是人民共同意志的集中体现，人民通过宪法使自己的基本权利得到最明确的确认和最有效的保障。宪法保障国家权力有序运行，规范和制约国家权力。宪法通过赋予立法、行政、司法等国家机关公共权力，使国家权力在宪法设定的轨道上有序运行，避免国家权力缺位、越位

和错位。

（三）限制功能

宪法规范国家机关的权力运行，既是限权法又是授权法。宪法规范国家机关的权力运行表现在既授予国家机关权力，又限制国家机关权力。宪法一方面是一种授权法，确立合理地授予国家权力的原则与程序，使国家权力的运行具有合宪性。而另一方面宪法又是限权法，规定限制国家权力行使的原则与程序，确定所有公权力活动的界限。因此，宪法对国家权力并非处于消极被动地位。

宪法的核心价值之一在于“限政”，即对国家权力进行有效的控制和制约。宪法的基本精神，就在于通过限制国家权力来保障公民的权利和自由。宪法的限制功能与宪法对人权的保障功能有着密切的联系，如果不对国家权力的行使进行有效的限制，人权保障就会失去必要的基础。我国社会学和人类学的奠基人之一的费孝通先生在《民主·宪法·人权——作之民》一书中写到：“宪法的目的就是在限制执有权力的政府，使它不致超越人民所允许给它的职权。”他还很通俗地谈到了关于民主、政党、言论自由等关于法治框架内的观点，对我们理解依法治国具有很大的启示。“民主国家的政党不是限制人民政治意识和政治行动的机构。”“不是一个做官的或是想做官的集团，而是整理民意，推举人才的政治机构。这机构的基础有二：一是人民可以自由结社，自由言论；二是用选举票来决定政策和官吏的任用。”“在有言论自由的国家里，欺骗是最愚蠢，没有人愿意或胆敢这样做的。诚实是最处世最可靠的方针，乃是经验之谈。”“把权力的老虎降伏在民意的牢笼里。”① 直到今天，党和国家

① 费孝通：《民主·宪法·人权——作之民》，生活·读书·新知三联书店，2013年版。

领导人仍然继续强调：要加强对权力运行的制约和监督，把权力关进制度的笼子里。

宪法对国家权力的限制作用，是由宪法为公民权利的保障书决定的。当国家权力不受限制、无限扩张的时候，其直接侵害的对象就是公民权利。作为公民权利的保障书，宪法必须对国家权力予以限制。任何国家权力都必须通过适当的形式才能实现，宪法则通过规定国家的政体、政权组织形式和国家结构形式等问题，使国家权力的运行和实现有着稳定的轨道。宪法对国家权力的规范作用是指宪法通过规定国家权力运行的范围、方式和程序，使国家权力在宪法设定的轨道上有效地运行。

国家是一个抽象的实体，国家机构则是国家的物化形式，因而国家机构既是国家权力的载体，也是国家权力的组织者和运用者。宪法通过规定国家机构如何组成、这些机构有哪些职权、这些职权如何行使等内容，把国家机构的活动限制在一定的范围和程度上。

宪法以其特殊功能规定了国家机构的产生程序、职权与职权的具体行使程序等。宪法通过规定国家机构的组织活动原则，不仅能防止国家权力的滥用，避免或减少冲突和内耗，而且使各国家机关权责分明，运行有序。

（四）协调功能

宪法的这种功能主要是通过宪法来协调各个阶级和阶层的利益关系，使他们能够和平相处。为了实现确认、保障与限制的功能，宪法在运行过程中需要解决大量的利益冲突与矛盾，合理地协调不同主体的利益关系，为建立社会和谐与稳定提供统一的思想基础。协调功能是宪法对于整体社会的作用。宪法的内容涉及整个社会生活的各个方面，宪法是统治阶级意志的集中体现。因此，宪法通过

调整各种社会行为，不仅使社会生活的各个方面有章可循，而且也使各个方面相互之间形成良性和谐的互动关系。

在制定和实施宪法的过程中，由于利益分配的不平衡和主体价值观的不同，人们可能产生不同的利益需求。宪法的协调功能在于：（1）能够以合理的机制平衡利益，寻求多数社会成员普遍认可的规则，以此作为社会成员遵循的原则。（2）对少数人利益的保护，宪法也规定了相应的救济制度，如宪法诉讼制度在保护少数人利益方面发挥着重要作用。

当然，宪法上述各项功能的发挥，也需要各个部门法将宪法规定的原则予以延伸和具体化，宪法为各个部门法的这种延伸和具体化提供了基础。但是，我们不能因此而把宪法涉及的社会各个方面、各个领域的进步和发展，都归功于宪法的作用。那样会混淆宪法的功能和普通法律作用的界限，反而无助于对宪法功能的正确把握。

二、宪法的作用

宪法作为法律的一种，当然具有与其他法律相同的作用，但宪法的基本精神和基本内容又决定了宪法的作用具有自身的特点。

（一）宪法的一般作用

宪法的作用是指宪法在社会生活中的实现和效果，是一种外部功能表现。宪法要想发挥巨大作用，必须具备一定的条件：首先，民主和宪法能够得到普遍遵守是宪法在现实社会中发挥根本法作用的基本前提；除此以外，还要求宪法规范具有确定力、拘束力和执行力。具备了上述条件的宪法往往具有下列作用：

1. 在组织国家政权方面的作用

宪法的首要任务就是组织国家政权。其方式包括以权力分立和制衡原则为基础产生的三权分立制度，以及以民主集中制为基础创建的人民代表大会制度。不论采用何种组织形式，都要符合合宪性和合目的性的原则。

2. 在保障公民基本权利方面的作用

现代意义的宪法，无论性质如何，其目的首先是保护公民的权利与自由，这是宪法民主性的标志，宪法将公民的基本权利以不同的形式固定下来，明确公民权利行使的原则；规定国家机关的权力范围，防止国家机关侵犯公民的基本权利。

创制宪法的目的是为了最大限度地实现全体社会成员共同的利益，增进共同的幸福。宪法为了保障这个最终目的，主要基于三个原则来进行：一是国家利益、集体利益和个人利益相协调的原则；二是保障公民的基本权利原则，其中最重要的是基本人权；三是权利和义务相一致原则。这些原则既是对全体社会成员的要求，也是对国家机关依照宪法的规定行使国家权力的要求。

3. 在维护国家和社会基本制度方面的作用

国家和社会基本制度是实施宪法的环境和条件，没有良好的环境和条件，宪法作为根本法的法律地位无从体现。所以，很多国家都注重在宪法中加强对国家和社会基本制度的规定；我国现行宪法将制度建设与权力的行使和实现紧密结合起来，使人民意志的体现和人民利益的实现不仅具有了宪法规范的保障，还有了实施宪法所必需的良好的社会环境条件的双重保障。

4. 在实行法治方面的作用

对于法治而言，宪法不是可有可无的政策或纲领，宪法是法治存在的基本要素并且是法治中的核心要素。所以，讲法治离开了宪法是一事无成的。宪法是法治的核心，是法制基础和依据。宪法作

为国家的根本大法，是国家法制建设的总的依据，它不仅对立法、执法、守法有重大作用，而且对监督法律的实施，对维护国家法制的尊严和统一具有重要意义。这方面的作用主要表现在：第一，宪法为普通法律的制定提供立法依据。第二，宪法保障国家法律的统一。

5. 调整国家最重要的社会关系的作用

任何法律都要调整一定的社会关系，所不同的是，宪法不调整一般的社会关系，而是调整国家重大社会关系。

在国家的各种社会关系中，最重要的关系是由宪法来规范和调整的。宪法调整的关系非常广泛，包括国家与公民之间的关系、国家与政党之间的关系、国家机关与国家机关之间的关系、国家机关内部之间的关系；国家与全社会之间的关系；国家与其他国家或者国际组织之间的关系，以及其他最重要的政治、经济、文化等方面的关系。

宪法规范所调整的社会关系有两个显著的特点：第一，此类社会关系所涉领域非常广泛，几乎包括国家生活的各个方面，但它们均属于宏观的或者原则性方面的关系。第二，此类社会关系的一方通常总是国家或者国家机关。因为宪法是国家的章程，所以根据宪法而调整的社会关系一般地必然有国家的参与，并根据宪法使国家承担义务或者享有权利。

在这个意义上，可以说宪法是社会稳定的调节器和安全阀，对于解决各种重大社会矛盾和冲突，保持社会稳定，维护国家长治久安，具有十分重要的意义。

此外，宪法在精神文明建设方面也发挥着重要作用。

（二）宪法在社会主义法治国家建设中的作用

社会主义法治国家的含义是国家政治生活、经济生活和社会生活的各个方面，民主和专政的各个环节都要做到有法可依、有法必依、执法必严、违法必究。法治国家的国家权力必须严格依法运作。

1. 宪法在立法中的作用

宪法是中国特色社会主义法律体系的统帅。我国社会主义法律体系确定的原则、具体内容与具体实施过程都在宪法指导下进行，体现了宪法原则的具体化。宪法在立法中的作用主要表现在：

（1）宪法确立了法律体系的基本目标。在一个国家，法律体系的建立与发展首先要体现宪法的基本原则，即宪法作为法律体系的核心，规定了法律体系的框架与目标。

（2）宪法确立了立法的统一基础。社会主义法律体系是以宪法为核心的统一的整体，一切法律、法规与其他规范性文件的制定都以宪法为基础，其内容不得与宪法相抵触。凡是与宪法相抵触的任何规范性文件都是无效的。宪法提供的统一立法基础包括：立法要体现社会现阶段的基本要求，不能超越社会发展所提供的条件与背景；立法要体现宪法的指导思想，为社会生活提供基本的价值体系与规则；立法要遵循社会发展平衡原则，确立统一协调、平衡发展的立法发展目标；立法要体现民主原则，扩大立法的民主基础，使民意通过立法过程得到充分体现。

（3）科学合理的法律体系的建立是实现宪法原则的基本形式之一。宪法规定了国家生活中的根本性和重大问题，具体的问题由普通法律调整。我国宪法条文中规定要“由法律规定”、“依照法律规定”，或者“在法律规定的范围内”的条文就有三十多处，涉及国家机构、民事、刑事、诉讼程序与经济生活等各个方面。依照宪法

制定社会发展所需要的法律是贯彻实施宪法的重要途径，为整个法律体系的建立奠定了统一基础。

（4）宪法规定了解决法律体系内部冲突的基本机制。法律体系的发展过程中也会遇到各种不协调或冲突的现象。各种违宪现象破坏了以宪法为基础的法律体系的统一性，同时对整个法治发展也产生了负面影响。

（5）宪法是立法体制发展与完善的基础与依据。从我国立法制度发展的成就与经验看，如脱离了宪法的依据，整个立法工作就会失去基础。

2. 宪法在执法中的作用

宪法不仅是立法的基础，同时也是执法的基础与原则。一切执法活动不能违反宪法的原则与具体规定。特别是法官、检察官以及其他公职人员更应该在执法活动中遵守宪法和法律。

宪法在执法过程中的功能首先表现在特定法律人宪法意识的培养，即以宪法的理念与知识为基础培养法官、检察官、律师等法律人才的宪法思维。在法律人的培养过程和法律人活动准则的确立过程中宪法起着重要的作用。

对于法官、检察官、律师来说，宪法教育是掌握法律知识的前提，应学会在复杂的社会现象中寻找宪法问题的焦点，并以宪法思维解释和解决法律问题的方法。宪法思维是所有法律人应具备的基本素质之一，直接影响适用法律的社会效果。

3. 宪法在司法中的作用

宪法在司法活动中的作用主要表现在：（1）宪法是审判权和检察权的来源，是人民法院和人民检察院活动的基本准则。人民法院和人民检察院在行使审判权和检察权时，要遵守宪法和法律，使司

法活动符合宪法要求，以维护社会公平与正义。（2）宪法和法律规定了司法机关进行活动的基本原则。（3）法官和检察官的宪法意识对法治的发展产生重要影响。大量的宪法争议首先存在于审理案件的过程中，法官的发现和判断是及时地启动解释程序和合宪性审查的基础。

法官的宪法意识不仅对执法活动产生影响，同时也为法官解决宪法和法律问题提供思维方式与认识论基础。由于宪法判断和法律判断的方法不同，在分析宪法问题时法官不能简单地采用刑法、民法等案件的分析方法。

法官要善于发现各种法律问题或各类案件中适用的法律、法规及其他规范性文件中可能出现的违宪问题。如发现有违宪嫌疑的法律、法规时，应通过法律程序请求有解释权的机关作出必要的解释。按照宪法和法官法的规定，法官的基本义务是不适用违宪的法律、法规，为公民的基本权利提供司法救济。检察官和律师树立宪法思维也是同样重要的。可以说，忠于宪法、遵守宪法是一切法律人的职业道德和行为的准则。

4. 宪法在守法过程中的作用

守法是法治发展的基础与重要因素，而守法首先要遵守宪法。因为依法治国首先要依宪治国，依法执政首先要依宪执政。因此，认真遵守宪法、树立宪法权威是提高守法意识的重要内容。培养宪法意识，就必须普及宪法知识，让所有的公民对宪法都有所了解。宪法知识是建立宪法理念的基础，没有基本的宪法知识，就不可能形成宪法意识，也不可能按照宪法的基本原则和基本精神来办事。

当然，宪法知识只是形成宪法意识的一个基础，成熟稳定的宪法意识是在社会实践中逐步形成的。宪法应该成为人们日常生活的

行为规范，让人们在日常生活中感受宪法规范的存在与实际利益。为此，宪法需要走进公民的生活之中，为民众所熟悉、掌握、运用。我们需要在全社会进一步普及宪法知识，提高宪法意识和宪法素质，使宪法成为更加贴近百姓生活的规范。

第二章 我国现行宪法内容

我国的现行宪法文本就是1982年公布的《宪法》和1988年、1993年、1999年和2004年四次修改而形成的31条修正案。

第一节　现行宪法的结构和内容

宪法文本结构指宪法文本内容的具体组织和排列形式，分为形式结构和内容结构。形式结构指将宪法规范予以合理排列的顺序、方式。内容结构由宪法名称、序言、宪法正文、附则四部分构成。

一、宪法的结构

所谓宪法结构，在这里是指成文宪法在内容和体系上的安排，即指一部宪法是怎样构成的，是如何把宪法的内容编排、组合成为

一个有机整体的。虽然各国宪法结构不尽一致，但从基本方面看，宪法一般有以下几部分构成：

（一）宪法序言

宪法序言是写在宪法条文前面的陈述性表述，体现宪法基本理念和精神，是宪法内容的高度概括。世界上绝大多数国家的宪法有序言，序言是将某些不宜以宪法规范的形式表达出来，但又不得不表明的或总结或纲领或立场或原则等等表现出来。能够反映宪法的指导思想、基本原则，宪法规范的序言具有法律效力，反之就不具有法律效力。

（二）宪法正文

一般包括国家的根本制度、公民的基本权利和义务、国家机构、国家标志以及宪法自身的实施保障。

宪法修正案是对宪法进行补充和修正的法律形式，往往附于宪法正文之后，而成为宪法的组成部分。

（三）宪法的附则

宪法的附则是指宪法对于特定事项需要特殊规定而作出的附加条款。附加条款的方法最早在比利时和瑞士联邦宪法中采用。由于附则是宪法的一部分，因而其法律效力应该与一般条文相同，并具有特定性和临时性的特点。

我国宪法内容结构分序言，第一章总纲，第二章公民的基本权利和义务，第三章国家机构，第四章国旗、国歌、国徽、首都。从我国现行宪法的结构体例来看，它是由序言、总纲、公民的基本权利和义务、国家机构，以及国旗、国徽和首都等五个部分组成。我国宪法文本结构分章、节、条、款、项，共138条、31条修正案。

我国宪法不像有些国家的宪法典那样设有附则，不存在只是具有特定性和临时性的宪法条款。

我国现行宪法的全部内容是一个规范的整体结构，其中包括若干个小规范体系，各个小规范体系之间进行了有机的组合。宪法的序言规范是叙述式的，这是整个宪法规范的基础和依据，称为基础规范。宪法的总纲规范采用条款式的，这是关于国家基本政治制度的原则规范，是在基础规范之上建立起来的宪法原则。宪法的基础规范（序言）和原则规范（总纲）构成宪法的核心，是解释宪法的基础。序言规范与总纲规范二者体现了我国宪法的基本精神和基本原则，与其他具体宪法规范是纲与目的关系。

二、宪法的内容概述

我国的现行宪法包括：序言（共13个自然段），正文分4章共138条条文，还附有11条宪法修正案。序言部分包括“历史”、“经验”、“概括”三个方面的内容，正文部分包括总纲等四个方面的内容。

（一）序言

通常来讲，宪法序言是将某些不宜用宪法条款的形式表达出来，但又不得不加以表达的话写在前面，常用来表明立宪的社会历史背景或基本原则、立场和纲领。大多数国家的宪法都有序言，长的几万字，短的几十个字，我国宪法序言共13个自然段，约1900多字。

我国宪法序言内容包括以下三个方面：

（1）历史。中国各族人民共同创造了光辉灿烂的历史文化；1840年以后中国人民进行了前赴后继的英勇奋斗；20世纪中国发生了翻天覆地的伟大历史变革；1911年孙中山先生领导的辛亥革命废

除了封建帝制；1949 年建立了中华人民共和国；逐步确立了社会主义制度并得到巩固和发展（第 1—6 段）。

（2）经验。坚持真理、修正错误、沿着中国特色社会主义道路，集中力量进行社会主义现代化建设；阶级斗争还将在一定范围内长期存在，对国内外的敌对势力和敌对分子必须进行斗争；完成统一祖国大业，是包括台湾同胞在内的全中国人民的神圣职责；社会主义的建设事业必须依靠工人、农民和知识分子，巩固和发展广泛的爱国统一战线、中国共产党领导的多党合作和政治协商制度；继续加强平等、团结、互助的社会主义民族关系，促进全国各民族的共同繁荣；发展同各国的外交关系和经济、文化的交流，为维护世界和平和促进人类进步事业而努力。（第 7—12 段）。

（3）概括。本宪法以法律形式确认了中国各族人民奋斗的成果，是国家的根本法、具有最高的法律效力、都必须以宪法为根本的活动准则。（第 13 段）

（二）总纲

我国宪法设“总纲”专章，共有 32 个条文，内容包括以下四个方面：

（1）政治制度构建。中华人民共和国是人民民主专政的社会主义国家，禁止任何组织或者个人破坏社会主义制度；中华人民共和国的一切权力属于人民；中华人民共和国的国家机构实行民主集中制的原则；中华人民共和国各民族一律平等；中华人民共和国实行依法治国，维护社会主义法制的统一和尊严（第 1—5 条）。

（2）经济制度构建。社会主义经济制度的基础是生产资料的社会主义公有制，国家在社会主义初级阶段坚持公有制为主体、多种所有制经济共同发展的基本经济制度；国家保障国有经济的巩固和

发展，国家保护城乡集体经济组织的合法的权利和权益，鼓励、指导和帮助集体经济的发展，土地和其他自然资源的所有权属于国家所有或集体所有；国家鼓励、支持和引导非公有制经济的发展，并对非公有制经济依法实行监督和管理；社会主义的公共财产神圣不可侵犯，公民的合法的私有财产不受侵犯，国家合理安排积累和消费，兼顾国家、集体和个人的利益；国家实行社会主义市场经济，国有企业在法律规定的范围内有权自主经营，集体经济组织在遵守有关法律的前提下有独立进行经济活动的自主权；国家允许外国的企业和其他经济组织或者个人在中国投资（第6—18条）。

（3）文化制度构建。国家发展社会主义的教育事业，国家发展自然科学和社会科学事业，国家发展医疗卫生事业，国家发展各种文化事业，国家培养为社会主义服务的各种专业人才，国家加强社会主义精神文明的建设（第19—24条）。

（4）和谐社会构建。国家推行计划生育，国家保护和改善社会环境和生态环境，国家机关和国家工作人员必须努力为人民服务、反对官僚主义，国家维护社会秩序，国家加强武装力量的革命化、现代化、正规化的建设，国家在必要时得设立特别行政区，国家对外国人的保护和庇护（第25—32条）。

（三）公民的基本权利和义务

“公民的基本权利和义务”这一章共有24个条文，其内容大致上可以分为以下两个方面：

（1）公民的基本权利。公民在法律面前一律平等，公民依法享有选举权和被选举权，公民有言论、出版、集会、结社、游行、示威的自由；公民有宗教信仰自由；公民的人身自由不受侵犯，公民的人格尊严不受侵犯，公民的住宅不受侵犯，公民的通信自由和通

信秘密受法律的保护；公民有提出批评和建议的权利，有提出申诉、控告或者检举的权利，有依照法律规定取得赔偿的权利；公民有劳动的权利和义务，劳动者有休息的权利，公民有从国家和社会获得物质帮助的权利；公民有受教育的权利和义务，公民有进行科学研究、文学艺术创作和其他文化活动的自由；妇女在各方面享有同男子平等的权利，婚姻、家庭、母亲和儿童受国家的保护，保护华侨、归侨和侨眷正当的或合法的权利和利益（第33—50条）。

（2）公民的基本义务。公民在行使自由和权利的时候，不得损害国家的、社会的、集体的利益和其他公民的合法的自由和权利；还有维护国家统一和全国各民族团结的义务；必须遵守宪法和法律，保守国家秘密，爱护公共财产，遵守劳动纪律，遵守公共秩序，尊重社会公德；还有维护祖国的安全、荣誉和利益的义务；依照法律服兵役和参加民兵组织是中华人民共和国公民的光荣义务；公民有依照法律纳税的义务（第51—56条）。

（四）国家机构

“国家机构”这一章分设7节，共有79个条文，内容包括以下几个方面：

（1）全国人民代表大会。最高国家权力机关和它的常设机关行使国家立法权；全国人民代表大会行使“修改宪法”等15项职权，全国人民代表大会常务委员会行使“解释宪法，监督宪法的实施”等21项职权；委员长主持常委会的工作，召集常委会会议，委员长会议处理重要日常工作，各专门委员会研究、审议和拟定有关议案；必要时可以组织关于特定问题的调查委员会，有权提出职权范围内的议案，有权提出对国务院或者国务院各部、各委员会的质询案；人大代表非经许可不受逮捕或者刑事审判，在会议上的发言和表决不受法律追究，受原选举单位的监督和罢免（第57—78条）。

（2）中华人民共和国主席。有选举权和被选举权的年满45周岁的公民可以被选为主席、副主席；主席根据全国人大及其常委会的决定，公布法律、任免国务院组成人员、授予国家的勋章和荣誉称号、发布特赦令、宣布进入紧急状态、宣布战争状态、发布动员令；主席代表中华人民共和国、进行国事活动、接受外国使节，根据常委会的决定派遣和召回驻外全权代表、批准和废除同外国缔结的条约和重要协定；主席缺位的时候由副主席继任主席的职位，副主席缺位的时候进行补选，都缺位的时候由委员长暂时代理主席的职位（第79—84条）。

（3）国务院。中华人民共和国国务院是最高国家行政机关，国务院实行总理负责制，国务院行使“根据宪法和法律，规定行政措施，制定行政法规，发布决定和命令”等18项职权，各部委在本部门的权限内发布命令、指示和规章，审计机关依照法律规定独立行使审计监督权，国务院对全国人大及其常委会负责并报告工作（第85—92条）。

（4）中央军事委员会。中华人民共和国中央军事委员会领导全国武装力量，中央军事委员会主席对全国人民代表大会和常务委员会负责（第93—94条）。

（5）地方各级人民代表大会和地方各级人民政府。每届任期5年；县级以上的地方设立常委会，讨论、决定重大事项，监督本级人民政府、人民法院和人民检察院的工作，撤销本级政府不适当的决定和命令，撤销下一级人大不适当的决议，依照法律规定的权限决定国家机关工作人员的任免，罢免和补选上一级人民代表大会的个别代表；省、直辖市的人民政府决定乡、民族乡、镇的建制和区

域划分；居民委员会、村民委员会同基层政权的相互关系由法律规定（第95—111条）。

（6）民族自治地方的自治机关。自治区、自治州、自治县的人民代表大会常务委员会中应当有实行区域自治的民族的公民担任主任或者副主任；自治区主席、自治州州长、自治县县长由实行区域自治的民族的公民担任；根据本地方实际情况贯彻执行国家的法律、政策；有权制定自治条例和单行条例，有管理地方财政的自治权，自主的安排和管理地方性的经济建设事业和其他各项事业，经国务院批准可以组织本地方维护社会治安的公安部队（第112—122条）。

（7）人民法院和人民检察院。人民法院依照法律规定独立行使审判权，上级人民法院监督下级人民法院的工作；人民检察院依照法律规定独立行使检察权，上级人民检察院领导下级人民检察院的工作；办理刑事案件，应当分工负责，互相配合，互相制约（第123—135条）。

（五）国旗、国歌、国徽、首都

“国旗、国歌、国徽、首都”这一章仅有3个条文，内容包括：国旗是五星红旗，国歌是《义勇军进行曲》；国徽，中间是五星红旗照耀下的天安门，周围是谷穗和齿轮；首都是北京。

第二节　宪法规定的根本制度、根本任务和基本路线

一、宪法的指导思想

坚持四项基本原则是1982年宪法的指导思想。坚持党的领导，

坚持人民民主专政，坚持社会主义道路，坚持马列主义、毛泽东思想，是中国人民不断渐进的共同政治基础。现行宪法在总结历史经验、分析现实状况的基础上，将四项基本原则作为一个整体写入宪法，成为宪法总的指导思想。四项基本原则是全国各族人民团结前进的共同的政治基础。

现行宪法颁布实施以来，我国经济建设迅猛发展，改革开放不断深化。随着客观实际的变化，宪法本身也必然要向前发展。随着改革开放和社会主义现代化建设的纵深发展，现行宪法的指导思想也不断得到丰富和发展。

宪法及时地丰富和发展指导思想体系，将执政党的基本路线与宪法规范相结合。宪法序言在明确规定坚持四项基本原则的同时，又明确规定了“坚持改革开放，不断完善社会主义的各项制度，发展社会主义市场经济，发展社会主义民主，健全社会主义法制”。特别是通过第三次和第四次对宪法部分内容进行修改或者补充，先后确定邓小平理论和“三个代表”重要思想在国家政治和社会生活中的指导地位，实现国家指导思想的两次与时俱进，对于推进改革开放和社会主义现代化建设，具有重大而深远的意义。

继1988年通过两条修正案之后，1993年第八届全国人大第一次会议又对现行宪法作了修改。1993年3月14日中共中央《关于修改宪法部分内容的建议的说明》明确指出：“这次修改宪法是以党的十四大精神为指导，突出了建设有中国特色社会主义的理论和党的基本路线。”“这样修改，表明了建设有中国特色社会主义理论的指导地位，比较集中、完善地表述了党的基本路线。”[①] 1997年召开的中共十

① 许崇德：《宪法的指导思想》，人民网，2003年12月18日。

五大将建设有中国特色社会主义理论概括为邓小平理论，1999 年修改宪法，将这一理论作为指导思想的重要组成部分写入宪法。1999 年 3 月 15 日，第九届全国人大第二次会议通过宪法修正案，把邓小平理论与马克思列宁主义、毛泽东思想一起确立为指导我国社会主义现代化建设的理论基础。将这一理论在宪法序言中予以确认，使其成为贯穿整个宪法的指导思想。2004 年 3 月 15 日，十届全国人大第二次会议通过宪法修正案，把“三个代表”重要思想也确立为指导我国社会主义现代化建设的理论基础。马克思列宁主义、毛泽东思想、邓小平理论和“三个代表”重要思想，是贯穿整个宪法的指导思想。

宪法指导思想的不断发展和丰富，体现了宪法自身的发展及其与社会发展的互动关系。通过把握宪法指导思想来理解宪法与社会的关系，特别是宪法对社会治理体系的形成产生的重要影响，可称之为社会治理模式转型第一阶段的标志。宪法的修改使得有关的规范和内容进一步适应客观实际，从而更好地发挥其根本法的作用。同时，宪法自身的原则精神和总的指导思想也因此而获得新的发展。宪法的指导思想不仅是制定宪法、修改宪法的指导思想，它也应是实施宪法的指导思想。全国人民应当遵循宪法的指导思想去遵守宪法和执行宪法。

二、国家的根本制度

社会制度是指在一定的社会形态中，社会经济、政治、文化等各项制度的总和。其中，经济制度是基础，它决定社会的性质，决定其他各项制度的性质。不同的社会形态实行不同的社会制度。自从有阶级社会以来，人类就有了奴隶社会制度、封建社会制度和资

本主义社会制度。中国共产党领导人民进行长期奋斗的宗旨，就在于建立适合中国国情的社会主义制度。中华人民共和国成立以后，我们就已经实行了社会主义制度。

社会主义制度是中华人民共和国的根本制度。我国宪法序言指出："中华人民共和国成立以后，我国社会逐步实现了由新民主主义到社会主义的过渡。生产资料私有制的社会主义改造已经完成，人剥削人的制度已经消灭，社会主义制度已经确立。"宪法序言还指出："我国将长期处于社会主义初级阶段。"宪法序言是宪法的组成部分，是具有宪法效力的。我国宪法第1条规定："社会主义制度是中华人民共和国的根本制度。禁止任何组织或者个人破坏社会主义制度。"

社会主义制度是社会主义国家中经济、政治、文化和社会等各项制度的总和。其中，在经济上，我国实行以公有制为主体、多种所有制经济共同发展的基本经济制度，坚持以经济建设为中心，不断解放和发展生产力，加强社会主义物质文明建设。在政治上，我国实行人民代表大会制度的政体，坚持和完善中国共产党领导的多党合作和政治协商制度以及民族区域自治制度，大力发展社会主义民主政治，实行依法治国，建设社会主义政治文明。在教育、科学、文化和思想道德等方面，我们坚持以马列主义、毛泽东思想、邓小平理论和"三个代表"重要思想为指导，实行中国特色的教育、科学、文化制度，大力加强社会主义精神文明建设。社会主义制度最适合我国的国情，新中国成立以来的经验表明，我国实行社会主义制度，已经并将继续取得伟大的成就。任何组织和个人都不得破坏和颠覆社会主义制度这一国家的根本制度。否则，将要承担各类法

律责任直至刑事责任。[①]

在长期革命、建设和改革的进程中，我们党坚持以马克思主义为指导，把制度设计建立在对中国国情的深刻认识上，建立在对共产党执政规律、社会主义建设规律、人类社会发展规律的深刻把握上，形成了具有强大生命力的中国特色社会主义制度。中国特色社会主义制度作为一整套制度体系，由根本层面的制度、基本层面的制度、具体层面的制度以及中国特色社会主义法律体系组成。不同层面的制度具有不同的地位和作用，共同构成一整套相互衔接、相互联系的制度体系。

在中国特色社会主义制度体系中，作为根本政治制度的人民代表大会制度是根本层面的制度。人民代表大会制度体现着国家的性质和中国特色社会主义制度的本质。人民代表大会制度在中国特色社会主义制度体系中的这一根本地位，决定了我们必须始终坚持它、不断完善它。

在中国特色社会主义制度体系中，基本层面的制度主要包括基本政治制度和基本经济制度。基本政治制度包括中国共产党领导的多党合作和政治协商制度、民族区域自治制度以及基层群众自治制度等。基本经济制度是指公有制为主体、多种所有制经济共同发展的基本经济制度，它是改革开放以来创造中国发展奇迹的重要保障。我国的基本政治制度、基本经济制度，反映着我们国家和社会的性质。我们必须在基本政治制度方面坚持中国共产党领导的多党合作和政治协商制度而不能采取西方的多党轮流执政，在基本经济制度方面划清社会主义公有制为主体、多种所有制经济共同发展同私有

① 许安标、刘松山：《法律释义与问答》，中国人大网，2010年4月14日。

化和单一公有制的界限。

在中国特色社会主义制度体系中，具体层面的制度是指建立在根本政治制度、基本政治制度、基本经济制度基础上的经济体制、政治体制、文化体制、社会体制等。这些具体层面的制度，在我国经济建设、政治建设、文化建设、社会建设等各个方面发挥着举足轻重的作用，推动着我国经济社会全面协调可持续发展。同时，我们可以也应该随着实践的发展对具体层面的制度中某些不合时宜的部分进行改革创新。

中国特色社会主义法律体系以法律形式确立制度，并通过各种法律规范为不同层面制度的贯彻落实提供良好法制环境。经过长期不懈的努力，我国已经形成了一个立足中国国情和实际、适应改革开放和社会主义现代化建设需要、集中体现中国共产党和中国人民意志的中国特色社会主义法律体系。中国特色社会主义法律体系，以宪法为统帅，以法律为主干，以行政法规、地方性法规为重要组成部分，保证了国家经济建设、政治建设、文化建设、社会建设以及生态文明建设等各个方面有法可依。中国特色社会主义法律体系确立了中国共产党的领导地位，确立了工人阶级领导的、以工农联盟为基础的人民民主专政的国体，确立了人民代表大会制度的政体，确立了中国共产党领导的多党合作和政治协商制度、民族区域自治制度以及基层群众自治制度，确立了公有制为主体、多种所有制经济共同发展的基本经济制度和按劳分配为主体、多种分配方式并存的分配制度等。通过法律形式确立制度，使制度更具权威性、稳定性。同时，中国特色社会主义法律体系坚持从中国特色社会主义的本质要求出发，从人民群众的根本意志和长远利益出发，形成了各

种法律规范，为不同层面制度的贯彻落实提供了良好的法制环境。[1]

中国特色社会主义制度是当代中国发展进步的根本制度保障，不断推进中国特色社会主义伟大事业，我们必须始终坚持和不断完善这一制度。

三、国家的根本任务

1982年通过现行宪法时，在序言第7自然段中指出："今后国家的根本任务是集中力量进行社会主义现代化建设。"经过修订后的现行宪法序言指出："国家的根本任务是，沿着中国特色社会主义道路，集中力量进行社会主义现代化建设。"

只有深刻理解我国将长期处于社会主义初级阶段的基本国情，一是社会主义，二是初级阶段，才能准确把握人民日益增长的物质文化需要同落后的社会生产这个社会主要矛盾，始终扭住经济建设这个中心不动摇，正确处理改革、发展、稳定的关系，自觉坚持全面、协调、可持续的科学发展观，在经济发展的基础上推动社会全面进步，实现宪法确定的"把我国建设成为富强、民主、文明的社会主义国家"的总目标。

我国宪法承担了任重而道远的历史任务。我国的根本任务是沿着建设中国特色社会主义道路前进，集中力量进行社会主义现代化建设。在这个伟大的历史使命的指导下，使得宪法在经济制度、政治制度、文化制度和公民的基本权利和义务方面必须充分体现人民的意志和利益，必须要反映社会主义生产力的方向。

① 任理轩：《当代中国发展进步的根本制度保障——关于坚持和完善中国特色社会主义制度的思考》，《人民日报》2012年6月13日。

四、社会主义初级阶段的基本路线

1982年宪法把党在社会主义初级阶段的基本路线，用宪法形式肯定下来，成为全国各族人民共同奋斗的纲领。

党的十一届三中全会以来，我们党在总结正反两方面经验的基础上，准确地把握、科学地分析国情，制定了党在社会主义初级阶段的基本路线。关于党的基本路线，《中国共产党章程》作了明确表述："中国共产党在社会主义初级阶段的基本路线是：领导和团结全国各族人民，以经济建设为中心，坚持四项基本原则，坚持改革开放，自力更生，艰苦创业，为把我国建设成为富强、民主、文明的社会主义现代化国家而奋斗。"由此可以看出，党的基本路线包含四个方面的内容：一是中国共产党是领导全国各族人民的核心力量。二是我国的社会主义现代化建设要以经济建设为中心，坚持四项基本原则（坚持社会主义道路，坚持人民民主专政，坚持共产党的领导，坚持马克思列宁主义、毛泽东思想、邓小平理论和"三个代表"重要思想），坚持改革开放，即"一个中心，两个基本点"。三是社会主义现代化建设必须贯彻自力更生、艰苦创业的方针。四是我们的奋斗目标是把我国建设成为富强、民主、文明的社会主义现代化国家。这条基本路线是建设中国特色社会主义的理论和实践的总纲。坚持党的基本路线，最重要的是全面理解和正确处理一个中心、两个基本点的关系，把经济建设这个中心同四项基本原则、改革开放这两个基本点，统一于建设中国特色社会主义的伟大实践，贯穿于社会主义现代化建设的整个过程。[①]

① 《宪法和宪法修正案学习问答》，中国人大网，2004年4月15日。

1982 年通过现行宪法时，在序言第 7 自然段中指出："今后国家的根本任务是集中力量进行社会主义现代化建设。中国各族人民将继续在中国共产党领导下，在马克思列宁主义、毛泽东思想指引下，坚持人民民主专政，坚持社会主义道路，不断完善社会主义的各项制度，发展社会主义民主，健全社会主义法制，自力更生，艰苦奋斗，逐步实现工业、农业、国防和科学技术的现代化，把我国建设成为高度文明、高度民主的社会主义国家。"宪法序言的这一规定和其他有关规定，体现了党在社会主义初级阶段的基本路线。

社会主义初级阶段"一个中心，两个基本点"的基本路线，在党的十一届三中全会后就开始形成了，随着改革的不断深化，认识不断提高。与此相适应，全国人大对此又做了两次修改，一次是 1993 年八届全国人大一次会议，根据党的十四大精神，在"国家的根本任务是"之后，加了"根据建设有中国特色社会主义的理论"；在"不断完善社会主义的各项制度"之前，加了"坚持改革开放"，同时明确规定了"我国正处于社会主义初级阶段"。1999 年九届全国人大二次会议根据十五大精神，又进一步做了修改，主要是在"马克思列宁主义、毛泽东思想"之后，加了"邓小平理论"；将"正处于社会主义初级阶段"改为"将长期处于社会主义初级阶段"；在"坚持改革开放，不断完善社会主义的各项制度"之后，加了"发展社会主义市场经济"。[①]

后来又经过 2004 年宪法修改，将 1982 年的原有规定修改为："我国将长期处于社会主义初级阶段。国家的根本任务是，沿着中国

① 顾昂然：《九届全国人大常委会法制讲座第二十八讲：宪法是治国安邦的总章程》，中国人大新闻网，2002 年 8 月 29 日。

特色社会主义道路，集中力量进行社会主义现代化建设。中国各族人民将继续在中国共产党领导下，在马克思列宁主义、毛泽东思想、邓小平理论和‘三个代表’重要思想指引下，坚持人民民主专政，坚持社会主义道路，坚持改革开放，不断完善社会主义的各项制度，发展社会主义市场经济，发展社会主义民主，健全社会主义法制，自力更生，艰苦奋斗，逐步实现工业、农业、国防和科学技术的现代化，推动物质文明、政治文明和精神文明协调发展，把我国建设成为富强、民主、文明的社会主义国家。”经过修改，宪法对社会主义初期阶段基本路线的阐述，更加全面、深刻，使全国人民对此有一个更加完整、清晰的认识。

我国宪法全面体现党在社会主义初级阶段的基本路线，集中反映全国各族人民的共同意志和根本利益，保护我国公民的根本权利和利益，充分体现公民的权利和自由，同时为我国的社会主义现代服务。

第三节　我国的基本国家制度

一、我国的国家政权性质

每个国家都有国体和政体。同时，不管什么性质的国家，统治阶段都要采取一定的政权组织形式来管理国家，以实现其统治，这就是政体，也就是政治制度。国体非常重要，是决定性的，但没有一定的与之相适应的政体，就不能很好地实现统治阶级管理国家的权力，政体是保障、有利统治阶级实现其统治的，所以实行什么政

治制度，是一个国家带有根本性的重大问题。

（一）国体的概念

国体称为国家性质，是指社会各阶级在国家中的地位。国体是国家制度的核心，决定国家的政权组织形式和国家结构形式，决定国家发展的总方向。

国家的性质由国体来决定。国体即国家的阶级性质，国家的本质。国体决定和体现国家的本质。毛泽东同志讲过："国体问题，清朝末年起，闹了几十年还没有闹清楚。其实，它只是指的一个问题，就是社会各阶级在国家中的地位。"

（二）我国的国体

我国是人民民主专政的社会主义国家。宪法第1条规定："中华人民共和国是工人阶级领导的、以工农联盟为基础的人民民主专政的社会主义国家。"这条规定了我们国家的性质和各阶级在国家中的地位。工农联盟是工人阶级和农民阶级的联盟，代表了我国的绝大多数人口，是我国人民民主专政的阶级基础。在我国，知识分子不是一个独立的阶级，而是工人阶级的一部分，因此，工农联盟已包含了知识分子。对知识分子的地位和作用，宪法作了充分、突出的规定。宪法序言专门写了，建设社会主义要三个依靠，"社会主义的建设事业必须依靠工人、农民和知识分子，团结一切可以团结的力量"。第23条还专门规定："国家培养为社会主义服务的各种专业人才，扩大知识分子队伍，创造条件，充分发挥他们在社会主义现代化建设中的作用。"

我国国家性质在阶级即政治上的表现是人民民主专政。其主要特点是：

第一，工人阶级是国家的领导阶级，工农联盟是国家的政权基础。工人阶级的领导是人民民主专政的根本标志。工人阶级是人民民主专政的领导力量，这是由工人阶级的特点和担负的伟大历史使命所决定的。工人阶级是人类历史上最先进、最革命、最有前途的阶级，它代表先进的生产力和生产关系，具有高度的组织性、纪律性。中国共产党是中国工人阶级的先锋队，同时也是中国人民和中华民族的先锋队，中国共产党是人民民主专政的核心。工农联盟是人民民主专政的阶级基础。工人阶级和农民阶级都是劳动者阶级，这两个阶级约占我国人口总数的90%以上，是我国革命和建设的基本力量。工农联盟代表了我国人口的绝大多数，构成了人民民主专政的坚实基础，表明人民民主专政的充分民主性和广泛的代表性。

第二，人民民主专政，实质上就是无产阶级专政。社会主义阶段的人民民主专政与无产阶级专政在实质上是一致的。人民民主专政是无产阶级专政理论同中国国情相结合的产物。无产阶级专政是马克思主义国家理论的精髓，中国共产党在领导革命过程中，将无产阶级专政理论同中国国情相结合，创造性地提出了人民民主专政的理论。人民民主专政是无产阶级专政在我国的一种实现形式。

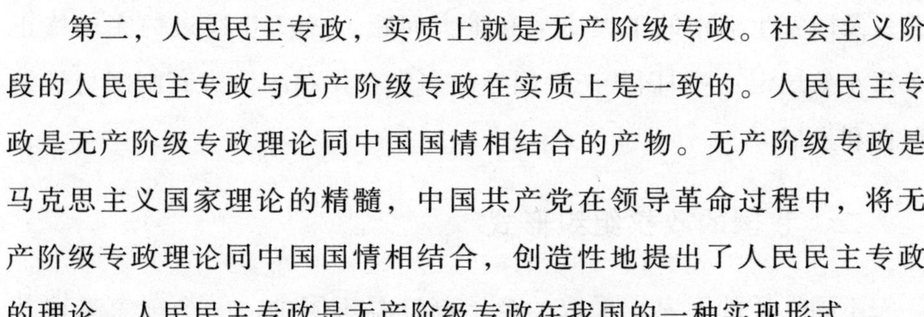

第三，人民民主专政是新型民主与新型专政的结合。人民民主专政是我国国家制度的核心，是对人民的民主和对敌人的专政两个方面的有机结合。人民民主简单地说就是人民当家作主，专政就是对敌人进行斗争，剥削阶级作为阶级已经消灭，但阶级斗争还将在一定范围内长期存在，人民必须对敌视和破坏我国社会主义制度的国内外敌对分子进行斗争。

第四，爱国统一战线和政治协商会议。

（1）爱国统一战线。现阶段，爱国统一战线是由中国共产党领

导的，有各民主党派和各人民团体参加的，包括全体社会主义劳动者、拥护社会主义的爱国者和拥护祖国统一的爱国者的广泛的联盟。2004 年通过的宪法修正案第 19 条规定："在长期的革命和建设过程中，已经结成由中国共产党领导的、有各民主党派和各人民团体参加的，包括全体社会主义劳动者、社会主义事业的建设者、拥护社会主义的爱国者和拥护祖国统一的爱国者的广泛的爱国统一战线，这个统一战线将继续巩固和发展。"

（2）中国人民政治协商会议。由中国共产党、各民主党派、各人民团体、各界代表和特别邀请参加的人组成。

（3）中国共产党领导下的多党合作和政治协商制度。根据"长期共存、互相监督、肝胆相照、荣辱与共"的方针，处理各党派的关系及国家生活中的重大决策和重大问题。1993 年通过的宪法修正案第 4 条规定："中国共产党领导的多党合作和政治协商制度将长期存在和发展。"

二、我国的政权组织形式

不同性质的国家，采取的政治制度是不同的。一个国家采取什么样的政治制度，最根本的是由这个国家的国体决定的，同时，在具体形式上，也与每个国家的政治、经济、文化、民族等具体情况有关系。

（一）政体的概念

政体又称政权组织形式，是指一定社会的统治阶级采取一定的组织形式去组织保护自己、反对敌人的政治机关。政体是掌握国家权力的统治阶级实现国家权力的形式，国体是国家权力的阶级内容，两者之间是形式与内容的关系，国体决定政体，政体适应和服务

国体。

政体又叫政权组织形式或政治制度，是根据统治阶级所确定的原则，具体组成并代表国家系统地行使权力，以实现阶级统治任务的国家组织体系。

政体是掌握政权的统治阶级，采取何种原则和方式去组织旨在反对敌人、保护自己、治理社会的政权机关。它反映的是一国公共权力的来源问题。

（二）我国的政体

宪法第2条第2款规定：“人民行使国家权力的机关是全国人民代表大会和地方各级人民代表大会。”宪法的这一规定表明，我国的政体是人民代表大会制度。

人民代表大会制度，就是根据民主集中制的原则，通过民主选举，产生全国人民代表大会和地方各级人民代表大会，再以人民代表大会为基础，组成整个国家机构，实现人民当家作主、行使国家权力的政权组织形式。我国有十几亿人口，地域广阔，不可能人人直接行使国家权力。广大人民把本来属于自己的管理国家的权力，通过自己选出的代表组成全国人民代表大会和地方各级人民代表大会，作为国家权力机关，代表人民行使国家权力。人民代表大会通过选举或者任命以及制定法律，把一部分权力授予其他国家机关行使，包括选举政府行使行政权，选举法院行使审判权，选举检察院行使检察权。“一府两院”要对人大负责，受人大监督，不能违反人大的立法和决定进行工作。人民代表大会制度是我国的根本政治制度。

人民代表大会制度作为我国的政体，体现了工人阶级领导的、以工农联盟为基础的人民民主专政的国体，是符合中国国情和实际、

体现社会主义国家性质、保证人民当家作主、保障实现中华民族伟大复兴的好制度。这一制度坚持民主集中制的基本原则。人民代表大会统一行使国家权力，全国人民代表大会是最高国家权力机关，地方各级人民代表大会是地方国家权力机关。人民通过人民代表大会行使国家权力；各级人民代表大会都由民主选举产生，对人民负责、受人民监督；各级国家行政机关、审判机关、检察机关都由人民代表大会产生，对人大负责、受人大监督；国家机关实行决策权、执行权、监督权既有合理分工又有相互协调；在中央统一领导下，充分发挥地方主动性和积极性，保证国家统一高效组织推进各项事业。这一制度既能充分反映广大人民的意愿又有利于形成全体人民的统一意志，既能保证国家机关协调高效运转又有利于集中力量办大事。

（三）我国的选举制度

选举是指公民按照特定的方式选择国家公职人员的行为。选举制度是规定公民与国家政权之间关系的、由公民通过选择国家公职人员的方式，而赋予国家政权合法性的一系列制度和规范。我国的选举制度是指各级人民代表的选举、选择制度。

宪法第 3 条规定：“中华人民共和国的国家机构实行民主集中制的原则。全国人民代表大会和地方各级人民代表大会都由民主选举产生，对人民负责，受人民监督。国家行政机关、审判机关、检察机关都由人民代表大会产生，对它负责，受它监督。”选举是民主集中制的基础。

各级人民代表的选举、选择制度，包括普通地方选举和军队人民代表、特别行政区全国人大代表、台湾省全国人大代表的选举、选择制度。普通地方选举适用于一般行政地方人民代表的选举、民

族自治地方人民代表的选举。

宪法第34条明确规定："中华人民共和国年满十八周岁的公民，不分民族、种族、性别、职业、家庭出身、宗教信仰、教育程度、财产状况、居住期限，都有选举权和被选举权。"选举制度还规定：被判处有期徒刑、拘役、管制而没有被剥夺政治权利的；被羁押，正在受侦查、起诉、审判，检察院或者法院没有决定停止当事人行使选举权利的；正在取保候审或者被监视居住的；正在被劳动教养的；正在受拘留处分的人员，享有选举权和被选举权。

我国的选举制度是人民代表大会制度的重要组成部分。有以下基本原则：(1) 选举权的普遍性原则；(2) 选举权的平等性原则；(3) 直接选举和间接选举并用的原则；(4) 无记名投票原则（也称秘密投票原则)；(5) 代表向选民或原选举单位负责并受其监督的原则；(6) 差额选举的原则；(7) 从物质上和法律上保障选民的选举权利的原则。

（四）我国的政党制度

政党制度是现代民主政治的重要组成部分。一个国家实行什么样的政党制度，由该国国情、国家性质和社会发展状况所决定。中国实行的政党制度是中国共产党领导的多党合作和政治协商制度，它既不同于西方国家的两党或多党竞争制，也有别于有的国家实行的一党制。

《中华人民共和国宪法》明确规定：中国共产党领导的多党合作和政治协商制度将长期存在和发展。在中国，中国共产党和各民主党派都必须以宪法为根本活动准则，维护宪法尊严，保证宪法实施。

中国多党合作制度中包括中国共产党和八个民主党派。八个民主党派是中国国民党革命委员会、中国民主同盟、中国民主建国会、

中国民主促进会、中国农工民主党、中国致公党、九三学社、台湾民主自治同盟。中国人民政治协商会议（以下简称人民政协）是中国共产党领导的多党合作和政治协商的重要机构。在中国多党合作制度中，中国共产党与各民主党派长期共存、互相监督、肝胆相照、荣辱与共，共同致力于建设中国特色社会主义，形成了“共产党领导、多党派合作，共产党执政、多党派参政”的基本特征。中国多党合作制度在中国的政治和社会生活中显示出独特的政治优势和强大的生命力，发挥了不可替代的重大作用。

人民政协是中国人民爱国统一战线的组织，是中国共产党领导的多党合作和政治协商的重要机构，是中国发扬社会主义民主的重要形式。

三、我国的国家结构形式

关于国家结构，是指国家的整体和部分根据什么原则组织起来。大体是两种方式，单一制和联邦制。联邦制是由若干个成员共同组成联邦。世界上的联邦制国家有几种情况，一种是因民族问题而实行的联邦制，如原苏联的加盟共和国，一种是地区之间实行的联邦，如美国的州就是这样。我国是单一制国家。

（一）国家结构形式

1. 国家结构形式的概念

国家结构形式是指国家的内部构成形式，它反映的是一国整体和组成部分之间、中央政权和地方政权之间的相互关系。这种关系实质上是一种权力划分的关系。国家结构形式是一个国家的整体和局部之间、中央和地方之间相互关系所采取的外部总体形式。

2. 国家结构形式的分类

国家结构形式，是指特定国家的统治阶级根据一定原则采取的调整国家整体与部分、中央与地方相互关系的形式。

现代国家基本上由两种国家结构形式：即单一制与复合制。

(1) 单一制是指由若干不具有独立性的行政区域单位或自治单位组成的单一主权国家的结构形式，各组成单位都是国家不可分割的一部分。

(2) 复合制是由两个以上的成员单位（如州、邦、共和国等）组成的联盟国家或国家联盟的国家的结构形式，根据成员单位独立性的强弱又有联邦（如美国）和邦联之别。

单一制国家结构形式的特点是：(1) 中央政府代表了国家的所有主权，且除了宪法规定的公民基本权利的限制以外，具有无限的权力。中央以法律授予地方权力，而不是以宪法授予地方权力。(2) 中央对地方享有完全的监督权。地方政府只是中央政府的分支，有义务服从中央政府的命令，且不具备宪法保证的自治权力——不是说地方政府不是民主自治的，而是中央政府可以随时通过法律或命令超越并取消地方规定。(3) 地方没有立宪权，即无自主组织权。(4) 地方不享有联邦的州或邦的中央参政权。地方政府的权限本身完全是由国家宪法和法律规定的。

（二）我国的国家结构形式

我国是统一的多民族的国家，有五十多个民族，民族问题是个非常重要的问题。我们党一贯主张各民族不分大小一律平等，实行平等、团结、互助、共同繁荣的政策。宪法序言规定：“中华人民共和国是全国人民共同缔造的统一的多民族国家。”这一规定表明，我国的国家结构形式是单一制。具体表现为：只有一部宪法，只有一

套以宪法为核心的法律体系，只有一套包括最高国家权力机关、最高国家行政机关和最高国家司法机关的中央国家机关体系。各省、自治区、直辖市、自治州、县、自治县、市以及特别行政区在内的行政区域都是中央政府领导下的地方行政区域，不得脱离中央而独立；公民只有统一的中华人民共和国国籍；中华人民共和国是一个统一的国际法主体。

（三）行政区划

行政区划是国家为便于行政管理而分级划分的区域。因此，行政区划亦称行政区域。中国宪法第 30 条规定："中华人民共和国的行政区域划分如下：（一）全国分为省、自治区、直辖市；（二）省、自治区分为自治州、县、自治县、市；（三）县、自治县分为乡、民族乡、镇。直辖市和较大的市分为区、县。自治州分为县、自治县、市。自治区、自治州、自治县都是民族自治地方。"

目前中国有 34 个省级行政区，包括 23 个省（含台湾省）、5 个自治区、4 个直辖市、2 个特别行政区。在历史上和习惯上，各省级行政区都有简称。省级人民政府驻地称省会（首府），中央人民政府所在地是首都。乡镇是中国最基层的行政单位。自治区、自治州、自治县是少数民族聚居地区的民族自治地方，它们都是祖国不可分割的部分。国家根据需要，还可以设立特别行政区。此外，为了便于行政管理和经济建设，为了加强民族团结，国家可根据需要对行政区划作必要的调整和变更。

根据宪法的规定，行政区域的设立、撤销、更名必须经过有关机关的批准。宪法第 62 条规定，全国人民代表大会批准省、自治区、直辖市的建置；第 31 条规定，全国人民代表大会决定特别行政区的设立及其制度；第 89 条规定，国务院"批准省、自治区、直辖市的区域划分，批准自治州、县、自治县、市的建置和区域划分”；第107条规定：“省、直辖市的人民政府决定乡、民族乡、镇的建置和区域划分。”

（四）民族区域自治制度

什么是民族区域自治？宪法第4条第3款规定：“各少数民族聚居的地方实行区域自治，设立自治机关，行使自治权。各民族自治地方都是中华人民共和国不可分割的部分。”这一规定表明，我国在单一制的前提下实行民族区域自治制度。依照行政地位标准，民族自治地方分为自治区、自治州、自治县3级，它们分别相当于省级、地级、县级。

我国民族区域自治的主要内容：第一，民族自治地方是中华人民共和国不可分离的部分，不能独立。第二，实行民族区域自治，与一般地方不同，民族自治地方的自治机关除行使一般地方国家机关的职权外，同时行使自治权。第三，是在少数民族聚居的地方实行区域自治，而不是民族自治。民族区域自治必须以少数民族聚居区为基础。

关于民族方面有两个问题，一是如何帮助少数民族地区发展。民族平等是党和国家的一贯政策，宪法规定：“平等、团结、互助的社会主义民族关系已经确立，并将继续加强。”（宪法序言）由于历史的原因，少数民族地区经济、文化一般比较后进，这种历史上遗留下来的差距是存在的。新中国成立后，为了帮助少数民族加速经济、文化发展，逐步缩小差距，做了大量工作，今后还要继续加强这方面工作，这是一个根本性的、长期的任务。因此宪法规定：“国家根据各少数民族的特点和需要，帮助各少数民族地区加速经济和文化的发展。”（宪法第4条第3款）“国家帮助民族自治地方从当

地民族中大量培养各级干部、各种专业人才和技术工人。”（宪法第122条）二是维护民族团结。民族团结是一个非常重要的问题。宪法规定，“中华人民共和国各民族一律平等。国家保障各少数民族的合法权利和利益，维护和发展各民族的平等、团结、互助关系。禁止对任何民族的歧视和压迫，禁止破坏民族团结和制造民族分裂的行为。”（宪法第4条）“中华人民共和国公民有维护国家统一和全国各民族团结的义务。”（宪法第52条）“在维护民族团结的斗争中，要反对大民族主义，主要是大汉族主义，也要反对地方民族主义。”（宪法序言）

（五）特别行政区制度

香港和澳门是中国领土的一部分。中国政府已于1997年7月1日对香港恢复行使主权，成立了香港特别行政区。于1999年12月20日对澳门恢复行使主权，成立了澳门特别行政区。

特别行政区制度，是指根据我国宪法的规定，在维护国家的主权、统一和领土完整的前提下，按照“一国两制”方针设立实行高度自治的行政区域的一种特殊制度。我国宪法第31条规定：“国家在必要时得设立特别行政区。在特别行政区内实行的制度按照具体情况由全国人民代表大会以法律规定。”为解决台湾、香港、澳门问题，实现祖国统一，宪法第31条、第62条规定，全国人民代表大会有权决定特别行政区的设立及其制度。

所谓“特别行政区”是指在中华人民共和国行政区域范围内设立的享有特殊法律地位、实行资本主义制度和生活方式的地方行政区域。特别行政区是中华人民共和国不可分离的一部分，是地方一级行政区域；特别行政区政权是中华人民共和国的一级地方政权，直辖于中央人民政府，中央人民政府与特别行政区的关系是中央与

地方的关系，特别行政区享有高度自治权，但它不享有国家主权，没有外交权和国防方面的权力，也不是一个独立的政治实体。

关于国家统一问题，宪法明确规定："台湾是中华人民共和国的神圣领土的一部分。完成统一祖国的大业是包括台湾同胞在内的全中国人民的神圣职责。"（宪法序言）为了解决台湾、香港、澳门问题，邓小平同志提出"一国两制"的思想。因此，宪法在总纲中规定："国家在必要时得设立特别行政区。在特别行政区内实行的制度按照具体情况由全国人民代表大会以法律规定。"（宪法第31条）在全国人民代表大会职权中增加规定了"决定特别行政区的设立及其制度"。（宪法第62条第13项）香港、澳门回归就是按这个规定解决的。有些港澳同胞提出，在香港、澳门实行资本主义制度是否与宪法坚持四项基本原则相违背，因而没有保障。其实，这个担心是不必要的，宪法的上述规定，已为特别行政区实行什么制度提供了依据。

四、我国的基本经济制度

经济制度即社会的经济结构，是指人类社会一定发展阶段上的生产关系的总和，是社会上层建筑赖以建立的基础。它主要包括三个方面的内容，即生产资料的所有制形式，生产过程中形成的人与人之间的关系，以及由生产资料所有制形式决定的分配方式。其中，生产资料的所有制形式起决定作用，它决定生产过程中人与人之间的关系，决定劳动产品的分配方式，决定经济制度的性质。我国的经济制度是社会主义的经济制度，它的基础是生产资料的社会主义公有制。

（一）基本经济制度的概念

基本经济制度，是国家通过宪法、法律确认和调整经济关系时所形成的带有全局性的制度。在社会主义初级阶段，我国的基本经济制度是公有制为主体、多种所有制经济共同发展。

宪法第 6 条第 2 款中规定：“国家在社会主义初级阶段，坚持公有制为主体，多种所有制经济共同发展的基本经济制度。”

我国将长期处于社会主义初级阶段。在这一阶段，我国宪法确认和保护的基本经济制度包括以下几个方面：

第一，坚持公有制为主体、多种所有制经济共同发展。社会主义公有制经济不但包括国有经济和集体经济，还包括混合所有制经济中的国有成分和集体成分。非公有制经济包括个体经济、私营经济和外商投资经济。它是我国社会主义市场经济的重要组成部分。

第二，实行以按劳分配为主体、多种分配方式并存的分配制度。社会主义公有制消灭人剥削人的制度，实行各尽所能、按劳分配的原则。我国在社会主义初级阶段除公有制经济外，还同时存在着其他的经济成分，因而也必然相应地存在着其他的分配方式。

第三，保护社会主义公共财产和公民的合法财产。宪法规定社会主义公共财产神圣不可侵犯；公民的合法的私有财产不受侵犯。国家依照法律规定保护公民的私有财产权和继承权。

（二）我国的经济形式

1. 公有制经济

宪法第 6 条第 1 款规定：“中华人民共和国的社会主义经济制度的基础是生产资料的社会主义公有制，即全民所有制和劳动群众集体所有制。”

根据宪法规定，社会主义公有制经济包括：

第一，国有经济，即社会主义全民所有制经济，是由国家代表全体人民占有生产资料的一种公有制形式，国有经济控制国民经济命脉，是国民经济的主导力量，对经济的发展起着主导作用，是我国社会主义经济的基石，国家保障国有经济的巩固和发展。

第二，集体经济，即劳动群众集体所有制经济。包括农村集体经济和城市集体经济。国家保护城乡集体经济的合法的权利和利益，鼓励、指导和帮助集体经济的发展。

2. 非公有制经济

宪法第 11 条第 1 款规定："在法律规定范围内的个体经济、私营经济等非公有制经济，是社会主义市场经济的重要组成部分。国家保护个体经济、私营经济等非公有制经济的合法权利和利益，国家鼓励、支持和引导非公有制经济的发展，并对非公有制经济依法实行监督和管理。"

根据宪法规定，非公有制经济包括：

第一，个体经济，是指城乡个体劳动者占有少量生产资料和产品，以个人劳动为基础的经济。

第二，私营经济，是指我国公民在法律规定的范围内占有生产资料，存在一定雇佣关系，并具有一定规模的经济。

第三，外商投资企业。我国宪法允许外国的企业和其他经济组织或者个人依照中华人民共和国的法律规定在中国投资。目前外商投资企业主要有：中外合资经营企业、中外合作经营企业、外资企业三种。

（三）国家保护社会主义的公共财产

公共财产是指全民所有的财产和劳动群众集体所有的财产，是

把我国建设成为富强、民主、文明的社会主义国家的物质基础，也是人民民主专政的政权得以巩固，人民得以当家作主的物质保证。公共财产的范围具体包括：国有经济和集体经济所有的财产；国家机关、武装力量和由国家机关划拨为政党和社会团体的财产；公用设施；土地、矿藏、水流、森林、山岭、草原、荒地、滩涂等自然资源等。

社会主义公共财产神圣不可侵犯，是由我国生产资料社会主义公有制的基本经济制度决定的。宪法第12条规定："社会主义的公共财产神圣不可侵犯。国家保护社会主义的公共财产。禁止任何组织或者个人用任何手段侵占或者破坏国家的和集体的财产。"

1. 自然资源的所有权及其保护

矿藏、水流、森林、山岭、草原、荒地、滩涂等自然资源，是国家最重要的生产资料，它涉及国家的经济命脉，是保障国民经济持续、稳定和健康发展的物质基础。

宪法第9条规定："矿藏、水流、森林、山岭、草原、荒地、滩涂等自然资源，都属于国家所有，即全民所有；由法律规定属于集体所有的森林和山岭、草原、荒地、滩涂除外。国家保障自然资源的合理利用，保护珍贵的动物和植物。禁止任何组织或者个人用任何手段侵占或者破坏自然资源。"

我国的自然资源主要地或者原则上必须属于国家所有，只有在法律规定的情况下，才可以属于集体所有。国家所有，是指国家对这些自然资源享有占有、使用、收益和处分的权利。目前，全国人大常委会根据宪法，已经制定了矿产资源法、煤炭法、水法、森林法、草原法等法律，对这些自然资源的所有权作出规定。

国家不仅对自然资源享有所有权，还要制定各种政策和法律，

保障自然资源的合理利用。森林法、草原法等法律都规定了保护这些自然资源的措施。保护珍贵的动物和植物，也是保护和合理利用自然资源的重要内容。现在，国家已经制定了野生动物保护法，对保护野生动物的制度作出了规定。禁止任何组织或者个人用任何手段侵占或者破坏自然资源。

2. 土地所有权

土地是重要的不可再生的自然资源。土地公有制是我国生产资料公有制的重要组成部分。

宪法第10条规定："城市的土地属于国家所有。""农村和城市郊区的土地，除由法律规定属于国家所有的以外，属于集体所有；宅基地和自留地、自留山，也属于集体所有。"

根据宪法的规定，土地实行公有制有两种形式，一是国家所有；一是集体所有。

属于国家所有的土地有两个方面，一是城市的土地全部属于国家所有即全民所有。城市的土地，包括城市市区的土地，县的市区的土地，以及较大的镇的市区。随着经济和社会的发展，城镇化规模在不断扩大，较大的镇的土地也应当属于国家所有。二是农村和城市郊区的土地。农村和城市郊区的土地原则上属于集体所有，如果属于国家所有，必须由法律规定。

属于集体所有的土地也有两种形式，一是农村和城市郊区的土地。在农村和城市郊区，土地是从事农业生产的主要生产资料，是农村劳动群众集体所有制的重要物质基础，为促进农村各项事业的发展，保障农村和城市郊区劳动者的合法权益，对农村和城市的土地必须主要地实行集体所有制。如果要由国家所有，必须有法律的专门规定。二是农民的宅基地和自留地、自留山，属于集体所有。

农民的宅基地和自留地、自留山，是农民日常生活所必须的物质基础，属于集体所有，有利于保障农民的生活。

宪法第10条规定："国家为了公共利益的需要，可以依照法律规定对土地实行征收或者征用并给予补偿。""任何组织或者个人不得侵占、买卖或者以其他形式非法转让土地。土地的使用权可以依照法律的规定转让。""一切使用土地的组织和个人必须合理地利用土地。"

城市的土地属于国家所有，国家直接享有占有、使用和处分的权利，不存在征用问题。因此，国家征用的对象，只能是劳动群众集体所有的土地。国家征用集体所有制的土地，一是必须出于公共利益的需要；二是必须依照法律的规定对土地实行征用。属于集体所有制的土地，一经国家征用，其所有权就由集体所有变为国家所有。土地管理法等法律对国家征用土地的范围、审批单位、审批程序以及补偿方式作出了规定。

土地的使用权可以依照法律的规定转让。根据这一规定，土地的使用权可以商品化。随着改革开放和经济建设事业的不断推进，改革土地管理制度，合理地使用土地，有偿地转让土地，已经是调整国民经济结构，促进资源优化组合的需要。

（四）我国的分配制度

宪法第6条第1款规定："社会主义公有制消灭人剥削人的制度，实行各尽所能、按劳分配的原则。"宪法第6条第2款规定："坚持按劳分配为主体、多种分配方式并存的分配制度。"

根据宪法规定，我国实行各尽所能，按劳分配的原则，坚持按劳分配为主体，多种分配方式并存的分配制度。如宪法第8条规定："参加农村集体经济组织的劳动者，有权在法律规定的范围内经营自

留地、自留山、家庭副业和饲养自留畜。”实践中，非按劳分配的收入主要有：非公有制经济中个体劳动者和农村承包户的收入；私营经济和中外合资、中外合作、外商独资企业中劳动者的收入；由资本、技术、信息以及土地等生产要素而获得的收入，包括股息、红利、利润、利息、地息，以及社会保险、社会福利、社会救济等。

十一届三中全会以来，我们在改革分配制度的实践中认识到，我国社会主义初级阶段的个人收入分配，必须坚持按劳分配为主体，多种分配方式并存的分配制度，把按劳分配和按生产要素分配结合起来，坚持效率优先，兼顾公平，允许一部分地区、一部分人先富起来，带动和帮助后富，逐步走向共同富裕。

（五）我国的经济体制

经济体制，是指经济的运行模式。宪法规定：“国家实行社会主义市场经济。”根据党的十四大报告提出的建立社会主义市场经济的目标，1993 年全国人民代表大会修改宪法时作出了本条的规定，确立了国家实行社会主义市场经济的经济体制。

市场经济体制，主要是让市场对资源的配置起基础性作用，使经济活动遵循价值规律的要求，适应供求关系的变化。社会主义市场经济的根本特征是，社会经济资源的配置在国家的宏观调控下以市场调节为主。建立社会主义市场经济体制，就是要使市场在国家宏观调控下对资源配置起基础性作用，因此，需要对经济体制进行以下方面的深入改革：（1）在所有制结构上，必须坚持以全民所有制和劳动群众集体所有制即公有制为主体，多种经济共同发展的方针，进一步转换国有企业经营管理机制，建立适应市场经济要求，产权明晰，政企分开，管理科学的现代企业制度。（2）分配制度上，要坚持以按劳分配为主体，其他分配方式为补充，效率优先，兼顾

公平的分配制度，鼓励一部分地区、一部分人先富起来，走共同富裕的道路。(3) 在宏观调控上，要深化政府机构改革，转变政府管理经济的职能，建立以间接手段为主的政府宏观调控体系，保证国民经济的健康运行。(4) 在社会保障方面，要建立多层次的社会保障制度，为人民群众提供同我国国情相适应的社会保障制度，以促进经济发展和社会稳定。现行宪法实施以后，经济体制改革在广度和深度上加快推进，旧的经济体制不断突破，新的经济体制逐步建立。我们党总结成功的改革实践经验，以邓小平理论和"三个代表"重要思想为指导，制定并不断完善了一系列方针、政策。在这个基础上，四个宪法修正案肯定了经济体制改革的重要成果，主要是规定了：(1) 国家在社会主义初级阶段，坚持公有制为主体、多种所有制经济共同发展的基本经济制度，坚持按劳分配为主体、多种分配方式并存的分配制度。(2) 农村集体经济组织实行家庭承包经营为基础、统分结合的双层经营体制。(3) 在法律规定范围内的个体经济、私营经济等非公有制经济，是社会主义市场经济的重要组成部分。国家保护个体经济、私营经济等非公有制经济的合法的权利和利益。国家鼓励、支持和引导非公有制经济的发展，并对非公有制经济依法实行监督和管理。(4) 国家实行社会主义市场经济。(5) 土地使用权可以依照法律的规定转让。国家为了公共利益的需要，可以依照法律规定对土地实行征收或者征用并给予补偿。(6) 国家建立健全同经济发展水平相适应的社会保障制度。

(六) 对外开放的基本国策

我国是社会主义国家，新中国成立以来，我国政府就把恢复和发展对外经济关系作为一项重要政策，并以"自力更生为主，争取外援为辅"、"平等互利"、"洋为中用"等方针、原则作为指导，在

发展对外经济关系方面取得了一定的进展。但是，总的来看，在一个相当长的时间内，由于各种原因，我国经济发展未能从根本上摆脱闭关自守、自给自足的束缚，对外经济关系范围很窄。1978 年 12 月党的十一届三中全会制定了对外开放的政策，明确地向全党提出了大力发展对外经济关系问题。

对外开放作为我国长期坚持的基本国策载入国家宪法，成为基本法律条文。宪法第 18 条规定："中华人民共和国允许外国的企业和其他经济组织或者个人依照中华人民共和国法律的规定在中国投资，同中国的企业或者其他经济组织进行各种形式的经济合作。""在中国境内的外国企业和其他外国经济组织以及中外合资经营的企业，都必须遵守中华人民共和国的法律。它们的合法的权利和利益受中华人民共和国法律的保护。"这表明对外开放是我们国家的一项重要基本政策。

第四节　我国公民的基本权利和义务

我国是人民民主专政的社会主义国家，人民是国家的主人，享有广泛的权利和自由。但是，在"文化大革命"期间，民主与法制遭到破坏，广大干部和人民的权利受到严重侵犯。1982 年宪法认真总结新中国成立以来的经验，特别是"文化大革命"期间的教训，对公民的权利和自由作了充分规定，将"公民的基本权利和义务"一章，从过去的最后一章移到总纲后面，作为第二章。这章的条文，从 1954 年宪法的 19 条、1978 年宪法的 16 条，增加为 24 条。

一、公民的基本权利和义务概述

公民的自由和权利是非常广泛的、充分的。但世界上从来不存在什么绝对的、不受任何限制的自由和权利。我国对公民自由和权利的限制只有一条，即宪法第51条的规定："中华人民共和国公民在行使自由和权利的时候，不得损害国家的、社会的、集体的利益和其他公民的合法的自由和权利。"同时，公民在行使这些自由和权利时，还必须依照法律规定。

（一）公民、国民、人民和自然人

宪法第33条规定："凡具有中华人民共和国国籍的人都是中华人民共和国公民。"

国籍是自然人被确定属于某一国家成员的法律上的资格或者身份，是区分本国人和外国人的唯一标准。

公民是指具有一国国籍，并依据该国宪法和法律享有权利并承担义务的自然人。公民依照宪法规定享有人身、政治、经济、文化等方面的基本权益。具有中国国籍的自然人，叫做中国公民。国民与公民的含义相同，所对应的概念是外国人和无国籍人。

公民不能与人民划等号。公民是一个法律概念。人民是个政治概念，是相对敌人而言。人民是个政治学术语，只用在政治学领域，它所对应的概念是敌人。

人民是国家权力的所有者，而公民是法律上权利和义务的主体。公民的范围比人民的范围要广泛，一切具有中华人民共和国国籍的人都是公民，他享有法律上的权利，承担法律规定的义务。而人民的范围是指全体社会主义的劳动者，拥护社会主义的爱国者和拥护祖国统一的爱国者。

公民也不能与自然人划等号。自然人是指自然而然由于出生就具备享有法律权利、承担法律责任主体资格的人。它包括公民、外国人和无国籍人。

（二）权利和义务的概念

权利，是指依照宪法和法律，公民可以从事一定行为，或者要求他人作出或者不作出某种行为的可能性。

义务，是指依照宪法和法律，公民从事某项行为的必要性。权利和义务的关系是：没有无义务的权利，也没有无权利的义务。权利可以放弃，义务必须履行。

公民的权利是指公民在宪法和法律规定的范围内，可以作某种行为，以及要求国家或者其他公民或者组织作某种行为或者不作某种行为的资格。公民的义务是指依据宪法和法律的规定，公民必须作某种行为或者不作某种行为的责任。

关于公民权利和义务之间的关系问题，前几部宪法没有作出具体规定，1982 年宪法对此作出了新的规定。根据本条的规定，权利和义务之间的基本关系是，公民享有宪法和法律规定的权利，同时，必须履行宪法和法律规定的义务。

宪法确立这样一个重要的原则，有利于正确认识和处理权利和义务之间的关系，即没有无义务的权利，也没有无权利的义务，任何公民都不能只享受权利，而不承担义务，也不能只承担义务，而不享受权利，更进一步说，是有利于反对只享受权利而不承担义务的特权，反对只承担义务而不享受权利的歧视，从而实现公民在法律面前的人人平等。

（三）公民基本权利和义务的概念

公民基本权利是指公民依照宪法享有的人身、政治、经济、文

化等方面的基本权益。公民基本义务是指公民依照宪法应当履行的最主要、最基本的责任。

1. 公民基本权利和义务的主要特点

我国公民基本权利和义务的主要特点：（1）公民权利和自由的广泛性；（2）公民权利和自由的现实性；（3）公民权利和义务的平等性；（4）公民权利和义务的一致性；（5）权利不得滥用原则。

2. 公民权利同人权的联系和区别

人权包括有公民权利的内容，人权实质上就是公民权利。（1）人权是人性反对神性的历史产物；（2）人权同公民权利的内容范围不一样；（3）人权有个人人权和集体人权之分；（4）人权既有国际的一面，也有国内的一面，而且本质上是属于一国主权范围内的问题。

二、我国公民的基本权利

依据宪法规定，我国公民的基本权利包括以下几个方面：

（一）平等权

平等权是指公民的法律地位平等，不受任何差别对待。

宪法第33条第2款规定：“中华人民共和国公民在法律面前一律平等。”平等权包括：所有的公民都平等享有权利和承担义务，所有公民的合法权益都平等地受到法律的保护。任何公民都不得享有法律以外的特权，任何公民都不得强迫其他公民承担法律以外的义务。

公民在法律面前一律平等的规定有以下几层含义：（1）所有公民都平等地享有宪法和法律规定的权利。这有两种情况，一是宪法和法律规定的权利适用于全体公民，全体公民都依据同样的条件享有这些权利。比如，公民的人身自由权不受侵犯就属于这一权利。

二是宪法和法律规定的权利只适用于特定范围的公民，在这一特定的范围内的公民都平等地享有这些权利。比如，宪法第 50 条规定，国家保护华侨的正当的权利和利益，保护归侨和侨眷的合法的权利和利益。这些权利和利益的范围仅限于华侨、归侨和侨眷。（2）所有公民都平等地履行宪法和法律规定的义务。这也有两种情况，一是宪法和法律规定的义务适用于全体公民，任何人都必须履行。比如，宪法第 52 条规定，中华人民共和国公民有维护国家统一和全国各民族团结的义务。这一义务就适用于全体公民。二是某些义务只适用于特定的人群。比如，宪法规定公民有依照法律服兵役和依照法律纳税的义务，只有符合法律规定的年龄和身体条件的公民才履行服兵役的义务，只有依照法律规定达到一定的收入标准的公民才有纳税的义务。(3) 国家司法机关和行政机关在适用法律时，对所有公民的合法权益都平等地予以保护，对所有公民违法和犯罪的行为，都平等地追究法律责任。（4）任何公民个人或者组织都不得享有超越宪法和法律的特权。①

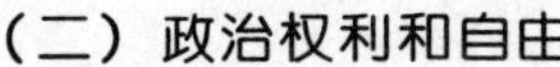

（二）政治权利和自由

政治权利和自由，是指公民依法参与国家管理和表达政治意愿的权利和自由，政治权利和自由包括：

1. 选举权和被选举权

宪法第 34 条明确规定：“中华人民共和国年满十八周岁的公民，不分民族、种族、性别、职业、家庭出身、宗教信仰、教育程度、财产状况、居住期限，都有选举权和被选举权；但是依照法律被剥夺政治权利的人除外。”

① 许安标、刘松山：《法律释义与问答》，中国人大网，2010 年 4 月 14 日。

2. 政治自由

是公民表达政治意愿的自由，主要有言论、出版、集会、结社、游行、示威的自由。宪法第35条规定："中华人民共和国公民有言论、出版、集会、结社、游行、示威的自由。"

3. 监督权和获得赔偿权

监督权，即公民对国家机关及其工作人员进行批评、建议、申诉、控告或者检举的权利。取得赔偿权，指由于国家机关及其工作人员侵犯公民权利而受到损失的人，有依法取得赔偿的权利。

宪法第41条规定："中华人民共和国公民对于任何国家机关和国家工作人员，有提出批评和建议的权利；对于任何国家机关和国家工作人员的违法失职行为，有向有关国家机关提出申诉、控告或者检举的权利，但是不得捏造或者歪曲事实进行诬告陷害。对于公民的申诉、控告或者检举，有关国家机关必须查清事实，负责处理。任何人不得打击报复。由于国家机关和国家工作人员侵犯公民权利而受到损失的人，有依照法律规定取得赔偿的权利。"

（三）宗教信仰自由

宪法第36条规定："中华人民共和国公民有宗教信仰自由。任何国家机关、社会团体和个人不得强制公民信仰宗教或者不信仰宗教，不得歧视信仰宗教的公民和不信仰宗教的公民。国家保护正常的宗教活动。任何人不得利用宗教进行破坏社会秩序、损害公民身体健康、妨碍国家教育制度的活动。"

宗教信仰自由表现为：（1）每个公民有信仰宗教的自由，也有不信仰宗教的自由；（2）有信仰这种宗教的自由，也有信仰那种宗教的自由；（3）在同一个宗教里，有信仰这个教派的自由，也有信仰那个教派的自由；（4）有过去不信教现在信教的自由，也有过去信教现在不信教的自由。

（四）公民的人身自由

人身自由，是指公民的人身及与人身有关的自由不受非法侵犯。包括：

1. 人身自由不受侵犯

禁止非法拘禁和以其他方法剥夺或者限制公民的人身自由，禁止非法搜查公民的身体。公民的人身不受非法限制、搜查、拘留和逮捕。

2. 人格尊严不受侵犯

即禁止用任何方法对公民进行侮辱、诽谤和诬告陷害。

3. 住宅不受侵犯

即禁止非法搜查或者非法侵入公民的住宅。任何机关、团体和个人未经许可，不得随意侵入、搜查或者查封公民的住宅。

4. 通信自由

公民的通信自由和通信秘密受法律保护。除因国家安全或者追查刑事犯罪的需要，由公安机关或者检察机关依照法律规定的程序对通信进行检查外，任何组织或者个人不得以任何理由侵犯公民的通信自由和通信秘密。公民的通信（包括电报、电话、传真或邮件等）公民间私人交往的行为，国家不得非法限制和干涉，对于私人交流信息的对象，他人不得隐匿、毁弃、拆阅、偷阅或者窃听。

（五）社会经济权利

社会经济权利是指公民根据宪法规定享有的具有物质经济利益的权利，是公民实现基本权利的物质上的保障。公民的社会经济权利是指公民在经济生活和物质利益方面所享有的权利，是公民实现

其他权利的物质保证。它包括公民的财产权、劳动权、休息权、物质帮助权、退休人员生活保障权等。

1. 财产权

财产权是指公民对其合法财产享有的不受非法侵犯的所有权。宪法第13条第1、2款规定："公民的合法的私有财产不受侵犯。""国家依照法律规定保护公民的私有财产权和继承权。"

所谓合法财产的所有权，是指公民通过合法劳动或其他方式获得并占有一定财产的权利，包括对生活资料和一定生产资料的所有权。其中的生活资料主要包括劳动的和非劳动的薪金或租金收入、储蓄、房屋、交通工具、债券、股票以及其他日常生活用品的所有权；生产资料主要是指法律允许个人拥有的生产工具、原材料、劳动产品、牲畜等。

继承权是继承人按照法律的规定取得死者生前财产的权利，是财产权的延伸，是公民合法财产转移的合法形式。要保护公民的财产权，就应当同时保护公民的继承权，以使财产本身能无损失地继承下来。目前，我国已有民法通则和继承法，对公民私有财产的继承制度作出了规定。根据法律的规定，可以作为遗产继承的公民财产主要包括公民的收入、储蓄、房屋、生产资料和生活资料，著作权和专利权中的财产权利，以及公民的其他合法财产。

公民的合法财产受法律保护。但国家为了公共利益的需要，可以依照法律规定对公民的私有财产实行征收或者征用并给予补偿。为了防止国家对公民私有财产权的侵害，宪法第13条第3款规定："国家为了公共利益的需要，可以依照法律规定对公民的私有财产实行征收或者征用并给予补偿。"这一规定进一步明确了公民私有财产保护的宪法基础，即国家只有在为了公共利益的前提下，才可以对

公民的私有财产进行征收或征用。并且，征收或者征用必须严格依照法律，并同时给予补偿后才能进行，而不得随意侵犯。

2. 劳动权

劳动权是指有劳动能力的公民有从事劳动的义务并取得相应报酬的权利。宪法第 42 条第 1 款规定：“中华人民共和国公民有劳动的权利和义务。”公民有权要求国家和社会提供参加劳动的机会，并按照劳动的数量和质量获取相应的报酬。由于劳动是人们生存的基础，也是社会得以生存、维系和发展的条件，因此国家不仅应当保护公民劳动的权利，而且应当积极创造条件，为公民享有这一权利提供保障。为此宪法第 42 条第 2 款规定：“国家通过各种途径，创造劳动就业条件，加强劳动保护，改善劳动条件，并在发展生产的基础上，提高劳动报酬和福利待遇。”第 4 款规定：“国家对就业前的公民进行必要的劳动就业训练。”宪法第 14 条也规定了国家对劳动者的责任，以及国家保护劳动权的根本目的，即“提高劳动生产率和经济效益，发展社会生产力”，“在发展生产的基础上，逐步改善人民的物质生活和文化生活”。

3. 劳动者休息的权利

休息权是指劳动者在享受劳动权的过程中，为保护身体健康、提高劳动效率，根据国家法律和制度的有关规定而享有的休息和休养权利。宪法第 43 条第 1 款规定：“中华人民共和国劳动者有休息的权利。”劳动者根据国家法律和制度的有关规定，享有休息和休养的权利。

为了使宪法所规定的休息权落到实处，劳动法第 36 条规定：“国家实行劳动者每日工作时间不超过八小时、平均每周工作时间不超过四十四小时的工时制度。”第 38 条规定：“用人单位应当保证劳

动者每周至少休息一日。”第40条规定：“用人单位在下列节日期间应当依法安排劳动者休假：（一）元旦；（二）春节；（三）国际劳动节；（四）国庆节；（五）法律、法规规定的其他休假节日。”

4. 获得物质帮助的权利

物质帮助权，是公民因失去劳动能力或者暂时失去劳动能力而不能获得必要的物质生活资料时，有从国家和社会获得生活保障的一种权利。

宪法第45条第1款规定：“中华人民共和国公民在年老、疾病或者丧失劳动能力的情况下，有从国家和社会获得物质帮助的权利。”获得物质帮助的权利主要包括：老年人的物质帮助权、患疾病公民的物质帮助权、丧失劳动能力的公民的物质帮助权，等等。

宪法还规定了公民在退休后，有获得生活保障的权利。

（六）文化教育权利

文化教育权利则是公民根据宪法规定，在教育和文化领域享有的权利和自由。除财产权和继承权外，公民的社会经济、文化教育权利都属于公民的积极受益权，即公民可以积极主动地向国家提出请求、国家也应积极予以保障的权利。

1. 受教育的权利

公民享有受教育的权利和义务，是指公民有在国家和社会提供的各类学校和机构中学习文化科学知识的权利，有在一定条件下依法接受各种形式的教育的义务。公民接受教育，既是权利，也是义务。作为权利，公民只要达到一定的年龄，就有权进入各类学校或通过其他教育设施和途径学习科学文化知识接受教育，任何人包括其监护人在内都无权剥夺。

宪法规定了公民有受教育的权利和义务。宪法第46条规定：

"中华人民共和国公民有受教育的权利和义务。国家培养青年、少年、儿童在品德、智力、体质等方面全面发展。"

国家要重视发展教育事业，以保证公民受教育权的充分实现。同时，受教育作为一项义务，公民又必须按照国家的有关规定，在一定形式的教育设施中，接受科学文化知识的教育；其监护人也有责任帮助公民接受教育。

宪法第19条规定："国家发展社会主义的教育事业，提高全国人民的科学文化水平。""国家举办各种学校，普及初等义务教育，发展中等教育、职业教育和高等教育，并且发展学前教育。""国家发展各种教育设施，扫除文盲，对工人、农民、国家工作人员和其他劳动者进行政治、文化、科学、技术、业务的教育，鼓励自学成才。""国家鼓励集体经济组织、国家企业事业组织和其他社会力量依照法律规定举办各种教育事业。"

宪法如教育的规定，要普及，普及是基础，又要提高；既讲正规，也讲业余，还鼓励自学成才；既讲国家办，同时社会也要办。

在思想道德教育方面，宪法第24条作了重要的规定："国家通过普及理想教育、道德教育、文化教育、纪律和法制教育，通过在城乡不同范围的群众中制定和执行各种守则、公约，加强社会主义精神文明的建设。""国家提倡爱祖国、爱人民、爱劳动、爱科学、爱社会主义的公德，在人民中进行爱国主义、集体主义和国际主义、共产主义的教育，进行辩证唯物主义和历史唯物主义的教育，反对资本主义的、封建主义的和其他的腐朽思想。"

文学艺术事业、新闻广播电视事业、出版发行事业、图书馆博物馆和其他文化事业，要"为人民服务、为社会主义服务"。宪法第22条规定："国家发展为人民服务、为社会主义服务的文学艺术事

业、新闻广播电视事业、出版发行事业、图书馆博物馆文化馆和其他文化事业，开展群众性的文化活动。”

2. 文化权利和自由

宪法关于教育、科学、卫生体育、文化都做出了规定。宪法第20条规定：“国家发展自然科学和社会科学事业，普及科学和技术知识，奖励科学研究成果和技术发明创造。”

宪法规定了公民有进行科学研究、文学艺术创作和其他文化活动的自由，国家对有益于人民的创造性工作，要给予鼓励和帮助。

宪法第47条规定：“中华人民共和国公民有进行科学研究、文学艺术创作和其他文化活动的自由。国家对于从事教育、科学、技术、文学、艺术和其他文化事业的公民的有益于人民的创造性工作，给以鼓励和帮助。”

科学研究自由，是指我国公民在从事社会科学和自然科学研究时，有选择科学研究课题、研究和探索问题、交流学术思想、发表个人学术见解的自由。

关于医疗卫生事业，宪法第21条规定：“国家发展医疗卫生事业，发展现代医药和我国传统医药，鼓励和支持农村集体经济组织、国家企业事业组织和街道组织举办各种医疗卫生设施，开展群众性的卫生活动，保护人民健康。”

（七）特定人的权利

宪法中的特定人是指妇女、退休人员、军烈属、母亲、儿童、老人、青少年、华侨等。宪法对妇女、儿童、华侨、老年人、残疾人等特定群体的公民作了特殊保护的专门规定。

（1）保障妇女的权利。宪法第48条规定：“中华人民共和国妇女在政治的、经济的、文化的、社会的和家庭的生活等各方面享有

同男子平等的权利。”

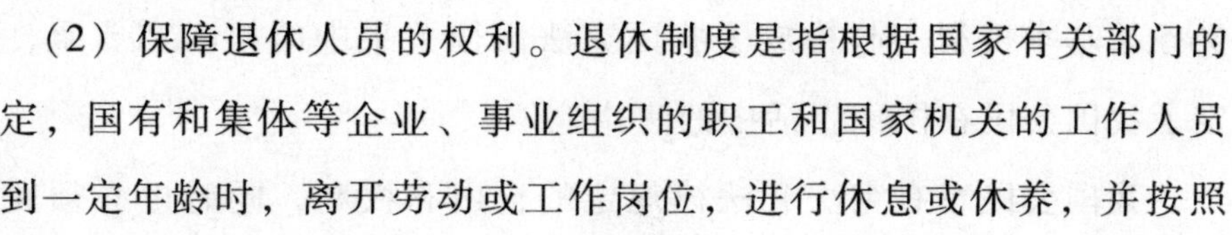

（2）保障退休人员的权利。退休制度是指根据国家有关部门的规定，国有和集体等企业、事业组织的职工和国家机关的工作人员达到一定年龄时，离开劳动或工作岗位，进行休息或休养，并按照规定领取一定的离休金或退休金的制度。

（3）保障军烈属的权利。宪法第45条第2款规定：“国家和社会保障残废军人的生活，抚恤烈士家属，优待军人家属。”

（4）保护婚姻、家庭、母亲、老人和儿童。宪法第49条规定：“婚姻、家庭、母亲和儿童受国家的保护。”“禁止破坏婚姻自由，禁止虐待老人、妇女和儿童。”同时，作为义务，宪法第49条规定：“父母有抚养教育未成年子女的义务，成年子女有赡养扶助父母的义务。”

（5）关怀青少年和儿童的成长。

（6）保护华侨、归侨和侨眷的正当权利。

三、我国公民的基本义务

公民的基本义务是国家对公民最重要、最根本的要求，国家生存和国家管理必须依赖于公民基本义务的履行。对国家来说，公民的基本义务就是国家的权利，国家有权要求其公民按照宪法和法律的规定，作出一定行为或者不作出一定行为。如果个别公民不履行义务或不忠实地履行义务，为了全社会的利益，国家和社会有权予以谴责、处分和制裁。公民不履行宪法规定的基本义务的行为，通常都是依照普通法律予以制裁的，因为普通法律都是根据宪法规范制定的，包含了对基本义务的详细规定。

基本义务指宪法规定的公民必须遵守和应尽的根本责任。宪法

确认公民的基本权利的同时，也明确规定了公民的基本义务，基本义务与基本权利一起构成了我国宪法法律关系中的核心和要素，决定了我国公民在国家生活中的法律地位。

我国公民享有宪法和法律规定的自由和权利，同时也必须履行宪法和法律规定的义务。

宪法规定，我国公民的基本义务主要体现在以下几个方面。

（一）维护国家统一和民族团结

宪法第 52 条规定："中华人民共和国公民有维护国家统一和全国各民族团结的义务。"维护国家统一是要求公民负有维护国家主权独立和领土完整的义务，是我国公民的最高法律义务。任何人都不得以任何方式分裂国家、接受外国势力支配、割让领土、服从外国势力或要求外国干涉中国内政，坚持台湾是中国领土不可分割的一部分的原则，反对外来侵略或危害国家政权统一管辖权的行为。公民应履行这项义务，而实际上它也是对我国政府及国家各级领导人的要求，因为后者违反此项义务的后果要比普通公民违反义务的后果严重得多。

维护民族团结的义务是指每个公民都有责任维护各民族间的平等、团结和互助关系，同一切破坏民族团结和制造民族分裂的言行作斗争，它与我国多民族的国家结构密切相关。全国各族人民都要把维护民族团结作为自己的崇高责任，任何人都不得以任何形式制造民族矛盾和民族冲突。

（二）遵守宪法和法律

宪法第 53 条规定："中华人民共和国公民必须遵守宪法和法律，保守国家秘密，爱护公共财产，遵守劳动纪律，遵守公共秩序，尊

重社会公德。”遵守宪法和法律是公民应履行的最根本的义务。在法律完备的法治国家，只要公民守法，也就等于公民履行了其他的宪法和法律的义务。法治国家必须以公民守法为条件，否则法治就失去了建立的可能。当然，公民守法是与公民的主人翁地位密切相关的，在多数居民受奴役的社会中，遵守法定义务是毫无意义的。保守国家秘密等规定是对守法义务的必要的补充，共同组成了我国社会秩序的基本要求。

对于这项基本义务，应作广义的理解，公民不仅应遵守宪法和法律，还应遵守行政法规，因为根据宪法的规定，行政法规也属于全国人大及其常委会监督权的范围之列；公民还应遵守地方性法规。但在我国目前法律体制下，对于行政法规的遵守有绝对性，对于地方性法规的遵守则不是绝对的；随着我国法治建设的发展，行政法规也将逐步进入可诉讼的阶段。此外，保守国家秘密、爱护公共财产、遵守劳动纪律、遵守公共秩序、尊重社会公德也是本项基本义务的要求。

（三）维护国家安全、荣誉和利益

宪法第 54 条规定：“中华人民共和国公民有维护祖国的安全、荣誉和利益的义务，不得有危害祖国的安全、荣誉和利益的行为。”这条规定是对总纲第 24 条所提倡的“爱祖国”规范的具体化，把爱祖国落实为公民的基本义务。国家的安全是每一个以中国为祖国的公民生产生活、安居乐业的必要条件，反过来每个公民也就有义务维护祖国的安全。国家的荣誉也就是国家和民族的尊严，作为我国的公民，任何人都有义务维护国家的荣誉，任何崇洋媚外、丧失人格国格的行为都是不允许的。维护国家的荣誉，也就是维护中国人自己的荣誉。不热爱祖国的人，就是有辱中国公民的人格的人，情节严

重的不仅应受到谴责，也应当受到法律的制裁。同理，对于国家利益，每个公民都有维护的责任。这里的国家利益，主要是指国家的整体利益，不是在公民与国家关系意义上讲的，而是相对于外国国家利益而言的，其中包括政治、经济等方面的内容。任何公民都不能以牺牲国家利益来换取个人好处，否则就要受到法律的制裁。

（四）依法服兵役

按照宪法第55条的规定，这项义务包括保卫祖国、抵抗侵略、服兵役和参加民兵组织的义务，服兵役的义务是关键。在上古国家初生时期，当兵保卫祖国本是本国人民的权利，奴隶是不能服兵役的。随着社会生活的复杂化发展，各国都把当兵设定为一种公民或国民对国家的义务，但仍然保留了当兵保家卫国的权利意义。所以，我国宪法将保卫祖国、抵抗侵略规定为公民的神圣职责，依法服兵役和参加民兵组织就成为了公民的一项光荣义务。“光荣”的涵义就表明其原始的权利本质。我国目前实行义务兵役制与志愿兵制相结合、民兵与预备役相结合的兵役制度，通过了《兵役法》，公民不分民族、种族、职业、家庭出身、宗教信仰和教育程度，都有服兵役的义务，但依法被剥夺政治权利的人除外。民兵是不脱离生产的群众性武装组织，是中国人民解放军的助手和后备力量，其任务是参加国家建设、担负战备勤务、协助维持社会治安和随时准备参军参战，保家卫国。

（五）依法纳税

宪法第56条规定：“中华人民共和国公民有依照法律纳税的义务。”与服兵役的义务一样，纳税也是公民或国民对国家应负的古老的传统义务。国家产生的标志之一就是居民纳税，因为公共机构的

设立和公共权力的行使必须建立在国家财政的基础上，而国家财政的主渠道就是税收。没有税收，就没有国家管理和对社会的服务，也就没有国家本身。另外，税收也是我国社会主义建设资金积累的重要来源，是国家调节国民经济的重要杠杆。所以，为了国家的繁荣昌盛，公民都应当依法纳税。纳税以公民的自觉性为基础，辅以国家的强制手段，所有负有义务的单位和个人，都必须自觉履行纳税义务；任何偷税、漏税的行为都是违法的，都应承担一定的法律责任。

（六）其他基本义务

除了上述所列义务外，宪法第 49 条第 2 款规定了“夫妻双方有实行计划生育的义务”；第 3 款规定了“父母有抚养教育未成年子女的义务，成年子女有赡养扶助父母的义务”。计划生育、控制人口增长，是我国的一项基本国策，是保证国家繁荣富强、子孙万代永享幸福的千秋大计。公民有责任作出一定牺牲，以保证国家发展的利益。

父母抚养教育未成年子女和成年子女赡养扶助父母，是我国公民家庭关系的基本准则，所谓“百事孝为先”、“父慈子孝”，说的就是这种关系。父母遗弃和虐待未成年子女、成年子女虐待父母的行为，不仅要受到舆论的谴责，严重的还要依法受到惩处。

此外，公民还有上面谈到的劳动的义务和受教育的义务。

宪法规定所列各项基本义务是公民必须履行的责任，而忠实地履行这些义务，其本身构成了公民责任的总的要求或总的责任。所以宪法要求公民在享受宪法和法律规定的权利的同时，“必须履行宪法和法律规定的义务”（第 33 条第 3 款）。

第五节　我国的国家机构和国家标志

国家机构是指统治阶级为了实现国家权力而建立起来的一整套有联系的国家机关的总称。国家机构的性质是由国家的性质决定的。国家机构是国家机关的总和。国家机构是国家存在的表现形式，其本质取决于国家的本质。国旗、国歌、国徽、首都是国家标志，体现国家主权。

一、我国的国家机构

我国的国家机构包括从中央到地方的各级政权机关。从横向方面看，国家机构主要包括权力机关、行政机关、审判机关、检察机关和军事机关等，在中央，还包括中华人民共和国主席。从纵向方面看，国家机构主要包括中央国家机构和地方国家机构。其中，地方国家机构包括省（自治区、直辖市）、市（自治州）、县（县级市、市辖区、自治县）、乡（民族乡、镇）四级地方的国家机构。此外，香港特别行政区、澳门特别行政区的政权机构属于一级特殊的地方国家机构。

（一）全国人民代表大会及其常务委员会

全国人民代表大会是我国的最高国家权力机关，是国家的立法机关，在我国国家机关体系中居于最高地位。它由各省、自治区、直辖市人民代表大会和人民解放军选出的代表组成，每届任期 5 年，每年举行一次会议。全国人大常委会是全国人民代表大会的常设机关，是我国最高国家权力机关的组成部分，它对全国人大负责并报告工作。

（二）中华人民共和国主席

国家主席是我国国家机构的重要组成部分。它与最高国家权力机关结合行使国家元首权。中华人民共和国主席、副主席由全国人大选举产生，有选举权和被选举权的年满 45 岁的我国公民，可以被选为国家主席、副主席。国家主席、副主席每届任期 5 年，连续任职不得超过两届。

新中国成立以后，国家是有主席的，但是后来没有了。1982 年宪法恢复设立国家主席，是健全国家体制所必要的，也符合我国各族人民的习惯和愿望。第一，从国家体制讲，总理需要由国家主席提名。1978 年宪法规定，总理由党中央提名，设了国家主席，就可以由国家主席提名。第二，对外的需要。国家主席代表国家接受外国使节；根据全国人大常委会的决定，派出或召回大使；根据全国人大常委会的决定，批准或废除国际条约。

（三）国务院

国务院是我国中央人民政府，是最高国家权力机关的执行机关，是最高国家行政机关。国务院在全国行政机关系统中居于最高地位。它对全国人大及其常委会负责并报告工作。它由总理、副总理、国务委员、部长、委员会主任、审计长、秘书长组成。

总理由国家主席提名，全国人大决定，国家主席任免，其他组成人员由总理提名，全国人大决定，国家主席任免。国务院每届任期 5 年，总理、副总理、国务委员连续任职不得超过两届。

宪法规定，国务院实行总理负责制。国务院是总理负责，各部、委是部长、委员会主任负责，目的是为了提高行政工作效率。同时

规定，国务院有全体会议和常务会议，国务院工作中的重大问题，经国务院常务会议或者国务院全体会议讨论决定；各部设部务会议，各委员会设委务会议，由部长、主任召集和主持部务会议或者委员会会议、委务会议，讨论决定本部门工作中的重大问题。

（四）中央军事委员会

中央军事委员会统一领导全国武装力量，是我国最高军事领导机关。它由主席、副主席、委员组成。宪法第93条规定“中华人民共和国中央军事委员会领导全国武装力量”，“中央军事委员会实行主席负责制”。当然，必须坚持党对军队的领导。十二大报告专门强调：“中国人民解放军是中国共产党缔造和领导的人民军队。在新宪法草案提交全国人民代表大会讨论通过之后，党中央将经过国家的中央军事委员会继续对我国武装力量实行领导。党领导军队的长期行之有效的各项制度必须继续坚持。”

（五）地方各级人民代表大会和各级人民政府

省、直辖市、自治区、设区的市人民代表大会代表由下一级人民代表大会选举产生，并接受原选举单位的监督，每届任期5年；县、不设区的市、市辖市、乡、民族乡、镇的人民代表大会代表由选民直接选举

地方各级人民政府，是地方各级人民代表大会的执行机关，是地方各级国家行政机关。它对本级人民代表大会及其常委会负责并报告工作，同时它也对上一级国家行政机关负责并报告工作。

（六）民族自治地方的自治机关

我国民族自治地方的自治机关包括自治区、自治州、自治县的人民代表大会和人民政府。它们是民族自治地方行使自治权的国家

机关。它既行使相应一级一般地方国家机关的职权，又行使自治权。

（七）人民法院和人民检察院

法院是国家的审判机关，检察院是国家的法律监督机关。宪法规定，法院和检察院依法独立行使职权，不受行政机关、社会团体和个人的干涉。（宪法第126条、第131条）

人民法院是我国的审判机关，是我国国家机构的有机组成部分，依法独立行使审判权。我国人民法院的组织体系是：最高人民法院、地方各级人民法院、专门人民法院。各级人民法院由同级人大选举院长，由同级人大常委会任免副院长、庭长、副庭长、审判委员会委员、审判员。

关于法院独立行使职权的理解：第一，我们讲的是法院独立行使职权，西方资本主义国家讲的是法官独立。第二，我们讲的是依法独立。法院由权力机关产生，对权力机关负责，受权力机关监督。权力机关有权罢免本级法院院长。法院是对行政机关独立，而西方资本主义国家法院对议会是独立的。另外，法院依法独立不是不要党的领导，党的领导是领导和支持法院更好地严格依法审判。

人民检察院是我国的法律监督机关，是我国国家机构的有机组成部分，依法独立行使检察权。人民检查院的组织系统是：最高人民检察院；省、自治区、直辖市人民检察院；省、自治区、直辖市人民检察分院，专门人民检察院（如铁路、军事检察院）。

十一届三中全会决定指出，“检察机关和司法机关要保持应有的独立性；要忠实于法律和制度，忠实于事实真相；要保证人民在自己的法律面前人人平等，不允许任何人有超越于法律之上的特权”。

二、国家标志

宪法修正案第31条把宪法第四章章名由原来的“国旗、国徽、首都”修改为“国旗、国歌、国徽、首都”。宪法第136条增加一款，作为第2款：“中华人民共和国国歌是《义勇军进行曲》。”

（一）国旗

国旗是国家的象征和标志，代表着国家的主权和民族尊严，是国家的历史传统和民族精神的体现。国旗的图案、色彩、象征意义和使用方法一般都由宪法或者法律专门规定。我国的国旗为五星红旗，是在1949年9月召开的中国人民政治协商会议第一届全体会议上正式确定的。当时表述为“红地五星旗”，1954年宪法正式以“五星红旗”表述，并明确它是中华人民共和国国旗，以后的三部宪法都作了同样的规定。宪法第136条规定：“中华人民共和国国旗是五星红旗。”1949年11月15日《人民日报》以“新华社答读者问”的形式，说明了国旗旗面的颜色及图案的含义。国旗旗面的红色象征革命。旗上的五颗五角星及其相互关系象征共产党领导下的革命人民大团结。

（二）国歌

国歌是代表国家的歌曲。现在世界各国一般都有国歌，在举行隆重集会、庆典以及国际交往等仪式时，通常演奏或演唱国歌，以抒发爱国之情。1949年9月，中国人民政治协商会议第一届全体会议通过决议确定：“在中华人民共和国的国歌未正式制定前，以《义勇军进行曲》为国歌。”1978年第五届全国人大第一次会议在修改颁布宪法的同时，通过了改正国歌歌词的决议。更改国歌歌词，各

方面一直有不同意见。1982 年 12 月五届全国人大五次会议根据许多代表和各界人士的意见，决议撤销 1978 年全国人大通过的修改中华人民共和国国歌的决定，恢复原来的国歌词，恢复《义勇军进行曲》为中华人民共和国国歌。

（三）国徽

国徽是国家特有的标志和象征，以特定的图案形式来表现，代表着国家的主权和民族的尊严。宪法第 137 条规定："中华人民共和国国徽，中间是五星照耀下的天安门，周围是谷穗和齿轮。"我国的国徽呈圆形，内容为国旗、天安门、齿轮和谷穗。国徽中的五个五角星取自国旗中的五星，象征着中国共产党领导下的人民大团结。天安门图案表现了我国各族人民的革命传统和民族精神。国徽中用齿轮和谷穗环绕周围，表明我国的国家性质是工人阶级领导的以工农联盟为基础的人民民主国家。因此，国徽象征中国人民自"五四"运动以来的新民主主义革命斗争和工人阶级领导的、以工农联盟为基础的人民民主专政的新中国的诞生。

（四）首都

现代各国都明确规定自己的首都所在地，并且一般只有一个，通常是一国的政治中心，国家最高领导机关的所在地，外国驻该国的大使馆所在地。首都也称国都、首府，我国古代还称京城、京师。北京是中国的首都。

第三章 宪法与法治

法治的实现，首先要有法律体系的龙头 —— 宪法。法治的实质，就是用反映统治阶级意志的法律规范覆盖整个社会关系的领域，形成法律秩序，在这其中起核心和主导作用的就是宪法。尽管有宪法并不等于有法治，但有法治必然要有宪法。因为宪法是法治的前提、基础和依据；没有宪法，法治便不可能被确认；没有宪法，法治的实施就没有法律依据，这本身就与法治理论相悖。对法治的确认和具体规定，实质上是宪法对国家的最高层次的法律价值，这一价值的实质就是维护正义并促进正义的全面实现。因此，要实行法治，就必须坚定地实施和适时地完善宪法，维护宪法的权威。

基于西方国家法治理论的引入，同时面临着我国现代化建设过程中国家战略和发展方向的选择，“法治”在这种外来影响和内在需求的双重影响下被提出并日益彰显其影响力。随着我

国从计划经济体制到市场经济体制改革的深入，我们党和国家的“法治”主张逐渐明晰化，从“人治”到“法治”的转变、从“法制”到“法治”的升华，集中反映了我国社会主义现代化建设面临的重大转折。社会主义国家对实行法治也有了深刻的认识，我国已将“依法治国，建设社会主义法治国家”写入宪法。深入理解和认识宪法的这一重要功能，将有助于我们更好地树立宪法意识，积极稳妥地全面推进依法治国。

第一节　宪法是法治的前提条件和法律根据

法治表达着“一种法律的统治而非人的统治”[①]，法律对国家政治生活、社会生活和公民的个人生活都进行着主要的规范和调整，因此，客观上要求建立一套以宪法为中心的完整和谐的法律体系，也就是“有法可依”。

法律的完整性要求尽可能地把社会生活的方方面面纳入法律的调整范围之内，减少法律空白，使法律成为引导和规范人们行为的根本准则。法律的和谐性要求法律自身协调一致而不自相矛盾，正如恩格斯所指出的：“在现代国家中，法不仅必须适应于总的经济状况，不仅必须是它的表现，而且还必须是不因内在矛盾而自己推翻自己的内部和谐一致的表现。”[②] 这就要求一切法律部门都要服从宪法，不能与宪法规范的内容和原则相抵触。既要保证普通法与根本

① ［美］诺内特、［美］塞尔兹尼克：《转变中的法律与社会迈向回应型法》，张志铭译，中国政法大学出版社，1994 年版，第 59 页。

② 《马克思恩格斯选集》第 4 卷，人民出版社，1972 年版，第 483 页。

法的协调一致，也要保证程序法与实体法的协调一致。

宪法不仅确定法治这一治国方略，而且大都还直接规定实施法治的基本原则、运行机制和基本制度。一般讲，法治的原则包括人民主权原则、法律平等原则、法律至上原则、权力制约原则和正当程序原则。当代各国大都确认了这些原则并加以具体化，且不说那些成文宪法，就是不成文宪法，在其宪法性法律文件中也明确确认法治的原则。同时，法律权威尤其是宪法至上性原则是法治国家宪法的必备条款。对法治的运行机制，不少宪法都规定设立宪法法院或宪法委员会，它们大都具有对法律和行为尤其是政府权力运作合宪性问题的审查权，多数直接审理违宪案件，在国家政治生活中占有重要地位。

宪法的法治价值还生动地体现在它确定了“正当程序”这一极为重要的法律原则。宪法的法治价值在正当程序上的表现甚至被认为法治就是“正当程序的统治”[①]，它促使法律活动，包括立法、执法、司法、守法和法律监督，都必须按照合于公平正义价值标准的正当程序办事。不讲程序，便无法治可言，不符合正当程序的法律是无效的法律，而违背正当程序的行为是无效的行为。

当然，宪法更多地是规定法治的基本制度。凡是实行法治的国家，在它们的宪法中都必然要规定代议制度、政党制度、选举制度、权力制约制度、司法独立制度、文官制度（或公务员制度）等这些法治的基本制度，特别是明确规定作为法治三大支柱的代议制度、政党制度和司法独立制度。由于历史条件的限制，对政党活动，早期的宪法并未明确规定，在宪法中最早涉及政党问题的是德国魏玛

① ［美］伯纳德·施瓦茨：《美国法律史》，王军等译，中国政法大学出版社，1990年版。

宪法，该宪法把政党作为社团组织的形式之一加以确定，其第124条规定："德国人民，其目的若不违背刑法，有组织社团及法团之权。此项权利不得以预防方法限制之。"此后，不少国家在宪法中确认并规范了政党制度。

一、法治是民主政治的制度化、法律化

建立起了完备的法律体系是否就实现了法治呢？答案是否定的。近代意义的法治是在资产阶级革命胜利以后，建立在资产阶级民主制度的基础之上的。在中国和其他国家的奴隶制和封建制历史上，几乎都具备完整的法律体系，但是并没有实现法治，其根本原因就在于其法律体系建立的基础是专制制度，而不是民主制度，因此，法治的实现必须注入民主制度的内容，是民主制度的法律化。法治是民主逻辑的必然结论。民主的程序化规则就意味着，事关民主的一切都要通过相应的制度、规则、程序等加以落实，就是必须法制化，社会主义民主必然要法治，要以制度化、规范化、程序化的方式固定下来，并得到普遍的长期稳定的实施。

民主的法制化是指社会主义民主的各个方面，它的全部内容，都要运用法律加以确认和保障，使其具有稳定性、连续性和极大的权威性。民主制度的建设是一个发展过程，法律可以也应当为民主制度的改革服务。党政各级领导以及广大人民群众在实践中创造的民主的新的内容与新的形式，只有用法律和制度确认与固定下来，民主才能不断丰富和发展。民主的法律化、制度化包括两层含义、两种作用：法制对公民权利的确认，既保证它不受侵犯，也防止它被人们滥用；法律赋予各级领导人员以种种权力，既保证这种权力的充分行使，也限制他们的越权和对权力的滥用。

宪法的政治内核是民主政治，而民主政治制度化、法律化就是法治。民主政治的内容主要包括国家权力属于人民、国家权力的行使要依照多数人的意见两个方面，据此建立起一套符合民主政治要求的原则和制度，如主权在民原则、民主集中原则、代议制、代表制等，为了使这些原则和制度具有稳定性、连续性并得到充分实施，就必须法律化，并用法律的强制力保障其实施，这便是法治。因此，法治是民主的制度化和法律化，使宪法的政治内核得以确立。

民主意味着权力属于人民，意味着人民能够通过代表行使最高国家权力的一种国家制度；相应地，法治就是对这种国家制度加以确认，以法律的形式予以规定，使之成为国家的法律制度，保持一定连续性和稳定性，并用国家强制力来保证实施。因此，民主是法治的内容和基础，法治是民主的制度化和法律化，是实现民主的保障。而其中最根本的制度和保证就是宪法。因为宪法作为国家的根本大法，在一个国家的法律体系中居于最高法律地位，具有最高法律效力，在建立法制过程中统领着整个法的体系，统一着整个国家机关、社会组织的步调和全体公民的行动，保证了为全部社会关系建立起一个法律规范的外壳和正常秩序的框架，是法治的根本依据和基础。由此可见，在宪法、民主与法治的关系中，民主是宪法和法治的内容和基础，同时，宪法是民主与法治的连接和统一。①

法治是实现人民当家作主的保证。社会主义民主是人民当家作主。保障人民当家作主，必须加强社会主义法制，使民主制度化、法律化。从治国方略的高度来说，就是依法治国，建设法治国家。

---

① 苏雪梅：《宪法与法治》，《四川师范大学学报》（社会科学版）第26卷第4期，1999年10月。

只有依法治国，人民才能通过法定的各种形式参政、议政，管理国家和社会事务；才能通过法定程序保证国家的重大决定符合自己的根本利益；才能使自己的一切权利和自由得到切实保障，如果受侵犯，能及时获得法律的有效救助。因此，要推进社会主义民主建设，必须依法治国。

二、宪法的内容是实现法治的直接法律根据

宪法作为国家根本法，其内容主要是规定根本的国家制度和社会制度、公民的基本权利和义务、主要国家机关的组织、职权划分及活动原则，等等。这些规定为法治的实施提供了直接的法律依据，具体而言，表现在以下几个方面。

规定国家权力属于人民，即主权在民。民主与专制的根本区别在于国家权力的归属。在专制制度下，国家的权力属于君主一人，而民主则意味着权力属于人民。无论是资本主义国家的宪法还是社会主义国家的宪法都确认国家权力属于人民这一根本原则，如法国宪法第 3 条规定："国家主权属于人民，由人民通过其代表和通过公民投票的方法行使国家主权。"我国宪法第 2 条规定："中华人民共和国的一切权力属于人民。"宪法规定权力属于人民，也就是确认国家实行的是民主制度，这便为实现法治提供了前提和基础。

规定人人生而平等。如法国的人权宣言第 1 条规定人们生来是而且始终是自由平等的；美国独立宣言也规定人人生而自由和平等；我国宪法规定公民在法律面前一律平等等。平等还包括选举权的平等、法律的遵守和保护上的平等等，所有这些都是法治的根本要求。

规定公民的一系列权利和自由。资产阶级的启蒙思想家们在反封建的斗争中就鲜明地提出反对神权、保障人权，因此，各国宪法

一般都要专门规定公民的权利和自由，这些权利和自由主要包括：公民有参政、请愿等政治上的权利和自由，公民有思想和言论自由、宗教信仰等精神上的权利和自由，公民私有财产不可侵犯等经济上的权利，公民享有人身自由，居住和迁徙自由等权利。宪法规定的这一系列基本权利和自由是任何一个实行法治的国家所必须的，它体现了法治的权利本位而非义务本位的价值取向。

规定国家机关的组织、职权范围和活动原则。这是宪法控制权力结构并使权力性能得到合法体现的表现。对立法机关而言，就是要根据宪法精神，制定出使人们信赖的法律、法规，形成一个完整和谐的法律体系，最大限度接近人们对公平、正义这一永恒主题的追求，对整个社会和个人都发挥出规范和调节功能；对行政机关而言，政府是根据宪法而建立的，职权是宪法赋予的，政府一方面要维护正常的社会政治、经济及各种社会秩序，另一方面必须依法行使，防止权力的滥用和对权利的侵犯，因此，依法行政是政府的活动准则；对司法机关而言，宪法确立司法独立的原则，司法机关是法律的执行机关，司法的天职在于通过适用法律来保护和捍卫法律，因此，法官除了服从法律本身以外，不受任何国家机关、社会组织和个人的干涉，建立法律秩序，真正实现司法公正。

宪法规定了整个国家的法律运行机制。宪法规定了宪法和法律的监督、解释体制。我国宪法在总结新中国成立以来的实施经验和吸收各国宪政发展长处的基础上，确定由全国人民代表大会和人民代表大会常务委员会监督宪法的实施，这既保证了“议行合一”和“民主集中制”原则的贯彻执行，又兼取特设专门机关监督的优势，使宪法实施的监督真正落到实处。国家立法机关所制定的一般法律以及其他国家机关颁布的规范性文件必须遵循宪法，同宪法的原则

精神相符合，否则势必会损害国家的根本利益，影响国家的法治建设，因此，各国宪法对于宪法实施的监督都做了规定。如我国宪法就明确规定由立法机关即全国人民代表大会及其常务委员会监督宪法实施。

宪法所规定的这些制度，不仅为法制的统一奠定了基础，而且也为法制的完整提供了保证。如果没有宪法，各种法律和法律制度就没有统一的依据，法制的内部一致性就没有了根本保证；同时，也只有在宪法制定和颁布之后，其他法律以及整个法律制度才能获得赖以产生的基础，有关立法、执法、司法和监督宪法等机关的组织，才能根据宪法的指导原则而被确立下来。

三、法治为宪法实施提供了理论基础和环境条件

法治思想为宪法的实施提供了理论基础。法治信仰和思想始终伴随着人类思想的发展历程，伴随着人们对自由、正义这一永恒主题的不懈追求，尤其是近代以来，从英国的哈林顿、洛克到法国的孟德斯鸠、卢梭到美国建立“宪法主治”的政治制度，形成了一套完整的法治思想理论，沿着这条法治之路，这些伟大的思想家们对法治的理解和设计，使法治信仰中包含的宪法精神广为传播并扎根于人们心中，使宪法精神震撼着每一个渴望自由和正义的心灵。所形成的法治思想成为实施宪法的理论基础。

良好的法治秩序促进宪法的顺利实施。法治秩序的建立和形成在经济、政治和文化等方面为宪法的顺利实施提供良好的环境条件。法治秩序不但具备一套完整的法律规范系统，而且使各项法律制度得到顺利实施，因此，法治秩序的建立和形成就为宪法的实施奠定了良好的经济基础。法治是民主机制有效运行的保证。民主政治必

然是程序政治，它要求各政治主体必须依照既定的规则和程序参与政治。法治是有序的政治，法治通过规定权利和义务的方式，为人们提供了一个人人都须遵从的非人格的法律体系。这个体系在形式上表现为一套逻辑清晰、首尾一贯、普遍有效的抽象规则。它要求所有的人，无论普通民众抑或领袖、官员，都须忠实于法律，受法律的制约。任何人违反法律，都将受到法律的制裁。而现实中不同的政治主体为实现一定的利益而影响、控制或行使国家权力，必然出现不同的政治期望与政治目标的冲突、对立和矛盾。只有妥善地对待和处理这些冲突、对立和矛盾，才能保卫和发展民主政治。

法治是公民权利和自由充分行使的保证。现代民主政治的精义是保障公民的自由和权利。民主政治的内容主要包括国家权力属于人民、国家权力的行使要依照多数人的意见两个方面。我国宪法第30条明确规定，法律面前人人平等。这是依法治国的核心内容，是社会主义法治的必然要求，是我国宪法的一项重要原则。所谓法律面前人人平等，首先意味着公民的法律地位一律平等，公民享有同等的参与政治的资格和机会，不仅拥有积极的行为权利，可以自由地表达认为是合理的、其他人和国家应该听取与采纳的政见、决策或立法建议，可以在复杂的社会关系中自主地选择行动方案，而且还享有要求他人不得妨碍公民自由的权利。

最后，法治秩序为宪法的实施提供了文化环境。法治秩序的形成增强了人们的法律意识，使人们自觉的守法、护法，积极地学法并用法律来维护自己的权利。法治秩序的形成建立了完备的法律组织，如立法组织、司法组织、律师、法律学习和教育组织以及其他辅助性法律组织。同时，在法治秩序的形成过程中积淀了丰富的法治文化传统和崇尚法治的精神，所有这些都为宪法的实施作好了思

想上和文化上的准备，使宪法在良好的法治秩序中顺利实施。

法治是内涵十分丰富的概念，既要反映人类的美好追求，同时也体现着人权保障的实践要求。法治是历史的概念，时代的变迁不断赋予法治以新的内涵。但无论社会的发展发生什么样的变化，法治所体现的限制国家权力、保障人权的基本价值是不会改变的。

第二节 法治的集中表现是法律至上、宪法至上

在具备了完整的法律体系并使民主制度法律化以后是否就真正实现法治了呢？那也未必。因为，如果法律自身不具有至上的权威性，即使再好的法律也不能得到遵守和实施，那么，法律只不过是一纸空文，又怎能担当治国方略的重任呢？我国的“文化大革命”就是一个惨痛的教训：宪法在一个早晨即成废纸，领袖的话就是法律，造成“言重于法”、“权大于法”直至“无法无天”的混乱局面。[①] 因此，保障法律具有至上的权威性是实现法治的关键和核心。若法律不能至上，则无法治可言。

法律至上是法治的核心和关键，而宪法至上又是法律至上的核心，这已成为公认的法治和法律至上性原则的根本标志。划分法治与人治的最根本的标志是：当法律权威与个人意志发生冲突时，是服从法律权威，还是服从个人意志。凡是法律权威高于个人意志的就是实施的法治。因此，法治的一个重要含义，就是法律在最高的、终极的意义上具有规范和裁决人们行为的力量，这便是法律至上。

① 杨泉明：《宪法保障论》，四川大学出版社，1990 年版，第 228 页。

而法律至上的核心在于宪法至上。宪法具有最高权威已成为公认的法治和法律至上的根本标志，这也是由宪法的内容、性质、地位、作用及其特征所决定的。宪法至上要求任何一个国家机关、社会组织和个人都必须遵守宪法，在宪法规定的范围内活动；任何与宪法规范或宪法精神相抵触的法律、法规都是无效的；宪法是评价所有立法活动、其他所有法律以及一切国家机关执行、适用法律的最高法律尺度，宪法也从根本上成为衡量一切政党、社会组织和公民行为的标准。

宪法至上是现代法治国家的重要标志，也是衡量现代社会文明进步的重要标准。对我们国家来说，宪法是国家的根本大法，是治国安邦的总章程，是人民权利的保障书。从实体法角度看，宪法是衡量一个国家是否是法治国家的形式标准，而宪法规范性法律文件的存在及其有效运作，则是法治国家的实质要件。宪法和法律，把党的主张和人民意志通过法定程序上升为国家意志，充分体现了党的领导、人民当家作主、依法治国的有机统一。

一、宪法的法律效力最高

法律效力是指法律借助于国家权力所具有的强制力和约束力，它的高低、大小是衡量一部法律在法律体系中地位的重要标志。宪法具有最高法律效力，已为世界上各成文宪法国家所公认和接受。

宪法具有最高的法律效力。宪法所规定的内容是国家生活和社会生活中的最根本性的问题，因此，宪法具有最高的法律效力。宪法是普通法律的立法基础，宪法与普通法律的关系是“母法”与“子法”的关系，普通法律是由宪法派生出来的。普通法律的规定与宪法相抵触无效。从地位看，宪法是中国特色社会主义法律体系的

核心和基础。宪法规定："国家维护社会主义法制的统一和尊严。"统一到哪里？统一到宪法。就法律与社会实际的关系来说，社会实际是母亲，法律是子女。从法律体系内部来说，宪法是母亲，一般法律是子女，正如人们通常说的，宪法是"母法"，一般法律是"子法"，一切法律、法规都不得同宪法相抵触。

现代世界的任何一个国家里，都存在许多的法。除宪法外，还有刑法、民法、商法，等等。宪法既然是法的一种，所以它具有法的基本特征。也就是说，宪法与其他一般的法相比，具有共同性：它们都是统治阶级的意志表现；都经过特定程序而成为国家意志（法）；都具有强制力，由国家强制力保证其实施。马克思、恩格斯在《共产党宣言》中说："法不过是被奉为法律的你们这个阶级的意志"，"而这种意志的内容是由你们这个阶级的物质生活条件来决定的。"[①] 马克思、恩格斯这个对法的最本质的定义，适用于任何国家的一般的法律，同时，也适用于宪法。一个部门法无论多么重要，都只是法律体系中的一部分，它可以对其他部门法产生重大影响，但并不能为它们提供内在统一的立法原则。只有宪法，具有这种统率其他所有部门法，为其他各个部门法提供立法原则，从而成为这些部门法立法依据的功能。在实行法治的过程中，宪法的这一功能首先表现为统率国家法律体系。宪法在社会主义法律体系中处于核心的地位。一切法律都是依据宪法制定的，宪法是一切法律的母法。一切法律、行政法规、地方性法规都不得同宪法相抵触。

宪法是国家的根本法，宪法的价值直接影响部门法的制定与发展。无论在公法领域还是在私法领域，宪法所提供的价值、规则与

① 《马克思恩格斯选集》第1卷，人民出版社，1972年版，第268页。

原理为各部门法获得体系的统一性提供依据，并构成国家法律体系与法学体系的基础。各部门法的发展客观上需要以宪法为纽带，将法律学原理与具体部门法原理结合起来，确立宪法原则的优先地位。

宪法具有与其他一般法的共同性，另一方面，还具有与其他一般法不同的特殊性。宪法同其他一般法的差别在于宪法是根本法，不是一般的法。

第一，根本法的内容不同于其他一般的法。一般法只涉及社会生活的某一个方面。例如，民法是调整公民和法人财产关系、人身关系的法律；婚姻法是调整婚姻家庭关系的法律；刑法是关于刑事犯罪、对罪犯惩罚的法律；诉讼法是关于诉讼程序的法律，等等。而宪法作为根本法，其内容涉及社会生活、国家生活的全面，规定着国家的根本制度和根本任务，是人们最根本的活动准则。

第二，根本法是其他一般法的立法依据。宪法是其他法律的立法依据和立法基础，没有宪法依据和宪法授权，则不能制定法律。由于宪法规定国家的根本制度和国家生活中最重要的原则，所以其他一般法的制定都要以宪法为立法基础。例如，我国的刑法第 1 条规定："为了惩罚犯罪，保护人民，根据宪法，结合我国同犯罪行为作斗争的具体经验及实际情况，制定本法。"又如，选举法第 1 条规定："根据中华人民共和国宪法，制定全国人民代表大会和地方各级人民代表大会选举法。"民族区域自治法第 1 条规定："中华人民共和国民族区域自治法，根据中华人民共和国宪法制定。"等等。所以通常说，宪法是母法，一般法律是子法。

第三，根本法的法律效力高于其他一般的法。即使其他法律有宪法上的立法依据，但其内容和精神也不得与宪法的原则和条文相抵触，否则无效或部分无效。一般法不得同宪法相抵触。否则，应

被修改或撤销。世界上有不少宪法均以明文规定根本法的最高地位。例如，日本国宪法第 98 条规定："本宪法为国家最高法，凡与本宪法条款相违反的法律、命令、诏敕以及有关国务的其他行为之全部或一部，一律无效。"我国宪法第 5 条也规定："一切法律、行政法规和地方性法规都不得同宪法相抵触。"

第四，宪法是一切国家机关、社会团体和公民的最高行为准则。一切组织和个人都必须以宪法为根本活动准则，并且负有维护、遵守、保证宪法实施的职责。我国现行宪法也规定了自身最高的法律地位。

二、宪法的法律位阶最高

所谓法律位阶，是指每一部规范性法律文本在法律体系中的纵向等级。下位阶的法律必须服从上位阶的法律，所有的法律必须服从最高位阶的法。

我国法制体系或称立法体系是统一的，又是分层次的。法律由全国人民代表大会及其常务委员会制定，行政法规由国务院制定，地方性法规由各省、自治区、直辖市的人大及其常委会（省会市、国务院批准的较大的市）制定，行政规章是由国务院各部、委和省级及较大市的人民政府制定的地区性文件。部门规章由国务院各部、委制定，对于国务院的一些直属局，如工商、海关、税务、新闻出版、技术监督局等不能制定规章，从实际看需要，但法律只规定了部、委制定规章。为了解决这一难题，中华人民共和国行政处罚法第 12 条规定，这些机构经国务院授权可以适用规章，地方性规章由各省、自治区、直辖市政府和省会市、较大的市的政府制定。行政法规、地方性法规、规章均不能与法律相抵触。而普遍存在的地级

市以下的人民政府制定的命令、规定、办法等只能称之为规范性文件（俗称规范件），从广义上讲亦属于立法范畴，只是其约束力和管辖范围更小而已，但其实用性更强。

在我国，按照宪法和立法法规定的立法体制，法律位阶共分六级，它们从高到低依次是：根本法律、基本法律、普通法律、行政法规、地方性法规和规章。

1. 根本法律

由于最高权威的创制主体制定的、调整社会生活中最重要事项的法律具有最高的法律位阶，处于该位阶的法律是国家的根本法。在我国，最高国家权力机关是全国人民代表大会，我国社会生活中最重要的事项是社会生活中最重要的利益关系，即国家权力的归属及其纵向和横向的分工配置（国家权力的组织规范）、公民人权的尊重与保障（公民人权规范）。全国人民代表大会配置国家权力、保障公民人权的法律即《中华人民共和国宪法》。中华人民共和国全国人民代表大会作为最高国家权力机关，是唯一有权制定和修改宪法的机关。为保持宪法的最高权威性和稳定性，宪法的修改需要按照特别的程序来进行，比修改普通法律更加严格。宪法的修改由全国人民代表大会常务委员会或1/5以上的全国人民代表大会代表提议，并由全国人民代表大会以全体代表的2/3以上的多数通过。宪法作为根本法具有最高的法律位阶，其他任何法律渊源均不能与宪法相抵触。

2. 基本法律

处于第二位阶的基本法律的创制权属于最高权力机关全国人民代表大会，它制定或系统修改必须经全国人大代表过半数通过才能达成，这是基本法律区别于宪法（根本法律）的重要特征之一（如

前所述宪法的创制或者修改须经全国人大全体代表2/3以上多数同意才能通过)。基本法律的局部修改和解释权属于全国人大常委会，基本法律的修改、解释不能突破该法的基本原则。基本法律的适用和执行主体是国家司法机关和法律授予权力的行政机关。基本法律的调整事项是社会生活中重要的利益归属和配置。我国的基本法律包括民事基本法、行政基本法和刑事基本法以及诉讼法等。

3. 普通法律

在根本法律和基本法律位阶之下的法律是普通法律。普通法律由全国人大常委会制定和修改。根据立法法的规定，全国人民代表大会常务委员会制定和修改除应当由全国人民代表大会制定的法律以外的其他法律；在全国人民代表大会闭会期间，对全国人民代表大会制定的法律进行部分补充和修改，但是不得同该法律的基本原则相抵触。普通法律的创制依据是作为根本法律的宪法和宪法之下的基本法律。普通法律所调整的事项包容于基本法律调整事项之下，其内容为普通的社会关系中的利益问题。全国人大常委会有权撤销同宪法和法律相抵触的行政法规，有权撤销同宪法、法律和行政法规相抵触的地方性法规，有权撤销省、自治区、直辖市的人民代表大会常务委员会批准的违背宪法和立法法规定的自治条例和单行条例。

4. 行政法规

行政法规的创制主体是中央人民政府即国务院。根据立法法的规定，国务院根据宪法和法律，制定行政法规。行政法规可以就下列事项作出规定：一是为执行法律的规定需要制定行政法规的事项；二是宪法第89条规定的国务院行政管理职权的事项。应当由全国人民代表大会及其常务委员会制定法律的事项，国务院根据全国人民代表大会及其常务委员会的授权决定先制定的行政法规，经过实践检验，制定法律的条件成熟时，国务院应当及时提请全国人民代表大会及其常务委员会制定法律。

5. 地方性法规、自治条例和单行条例

省级（省、自治区、直辖市）人民代表大会及其常务委员会根据本行政区域的具体情况和实际需要，在不同宪法、法律、行政法规相抵触的前提下，可以制定地方性法规。较大的市的人民代表大会及其常务委员会根据本市的具体情况和实际需要，在不同宪法、法律、行政法规和本省、自治区的地方性法规相抵触的前提下，可以制定地方性法规，报省、自治区的人民代表大会常务委员会批准后施行。

6. 行政规章

行政规章在法律体系中处于最低的位阶，行政规章区分为部门规章和地方规章两种。国务院各部、委员会、中国人民银行、审计署和具有行政管理职能的直属机构，可以根据法律和国务院的行政法规、决定、命令，在本部门的权限范围内，制定部门规章。部门规章规定的事项应当属于执行法律或者国务院的行政法规、决定、命令的事项。

简单地说，宪法的法律位阶最高，规章的法律位阶最低，上位阶法高于下位阶法。

在现代国家，法治离不开井然有序的规范体系。在任何法治国家的法规范体系中，宪法均居于最高位，具有最高法律效力。在宪法规范的位阶之下，一般表现为普通法律。在法规范体系中，宪法是最高法规范，普通法律应依据宪法且不得与宪法相抵触，否则将造成法规范秩序的混乱。从作为最高法位阶的宪法与普通法律的关

系的角度来看，法律可分为两种形态：一种是以宪法为直接依据而制定的法律；另一种是虽然没有宪法上的依据，但并不与宪法相违背的法律。[①] 对于第一种情形，规范逻辑清晰，如《中华人民共和国劳动法》第1条开宗明义规定“根据宪法，制定本法”。对于第二种情形则须分清两层逻辑关系：一是法律可以在不与宪法规范相违背的情形下存在，此体现了法律在一定调整范围内的自主性；二是法律虽然具有一定的自主性，且在文本形式上并未明确采取“依据宪法，制定本法”等规范形态，但这并不表示法律等规范的制定完全没有依据宪法，此时的依据只是表现为一种被动的间接形态的依据而已。在我国的规范体系中，诸多法律便是如此。如《中华人民共和国收养法》总则第1条规定，“为保护合法的收养关系，维护收养关系当事人的权利，制定本法”，通读该法文本，均无“依据宪法”此种规范形态。

然而，任何法律的制定不得与宪法相违背已包含了宪法是最高法这一命题，只是宪法位阶的最高性具有两种表现形态：一为主动的最高性，即普通法律的制定直接依据宪法；二为被动的最高性，即普通法律的制定不得与宪法相抵触。从人权保护的角度来分析，因为任何法律的内容都是直接或间接地围绕权利而展开的，而宪法权利是人权的法定形态，是公民最基本的权利，故任何法律都不可能完全脱离宪法权利的范畴而均与处于最高位阶的宪法具有一定的依据关系。如《收养法》等法律虽然没有在文本中明确表明“依据宪法”等语意，但并不能由此推断其在内容上完全没有依据宪法，

① 谢维雁：《“母法”观念释读——宪法与法律关系新解》，《四川大学学报》（哲学社会科学版）2005年第5期。

只是此时的依据表现为一种“不与宪法相抵触”的被动形态而体现了宪法的被动最高性。

现代国家的法治都必定要以有序统一的规范体系为基础，并且在规范体系中宪法居于最高位，从而决定了在司法实践中，法规范的运用逻辑也必定要以现有的规范体系为基础。遵循宪法是最高法这一规范命题，以不同位阶规范为内容的规范体系在适用过程中，基于各种不同位阶规范的序列要求，必须遵循先穷尽适用下位法规范，再适用上位法规范的逻辑。穷尽法律救济原则正是以此为存在逻辑展开的，即先穷尽适用低位阶的普通法律，再适用高位阶的宪法。当然，在法的层面发生纠纷时，由于宪法是最高法，其调整的范围具有全面性、普通性、根本性，所以可以在理论上通过广义解释的方式使所有的法纠纷均囊括在宪法的调整范围之内，即所有的法律问题从广义解释的角度来说都是宪法问题。

由于法规范体系并非只由宪法构成，还包括普通法律等其他位阶的规范，因此，具体的司法实践必须与不同位阶规范之间的序列层次相一致，而不能采取广义解释的方法，否则便会存在一种荒谬逻辑：所有的纠纷均可直接诉求于宪法。因此，通过广义解释使宪法无所不包的“一厢情愿”并不能解决因法律纠纷而产生的法律问题。由于宪法的调整范围具有全面性、普遍性等特点，普通法律则在诸多内容上对宪法规范进行了相应的细化。[①]

① 胡锦光、王书成：《论穷尽法律救济原则之存在逻辑》，《中州学刊》2008 年第 1 期。

第三节 法治是治国理政的基本方式

治国的方略尽管多种多样，但概括起来无非是法治与人治两种。而宪法总是同法治联系在一起的，树立宪法的最高权威，宪法至上是法治的灵魂和精髓。党的十八大提出“法治是治国理政的基本方式”，突出强调党治国理政要运用法治方式。法治作为我党治国理政的基本方式，坚持党的领导是社会主义法治最根本的保证。全面推进依法治国是为了推进国家治理体系和治理能力现代化，法治是国家治理体系和治理能力的集中体现和重要依托。

我国正处于社会主义初级阶段，全面建成小康社会进入决定性阶段，改革进入攻坚期和深水区，国际形势复杂多变，我们党面对的改革发展稳定任务之重前所未有，矛盾风险挑战之多前所未有，人们政治参与意识、民主法治意识、权利义务意识、公平公正意识普遍增强，对法治的期待越来越强烈。而现实生活中，保证宪法实施的监督机制和具体制度还不健全，有法不依、执法不严、违法不究现象在一些地方和部门依然存在；关系人民群众切身利益的执法司法问题还比较突出；一些公职人员滥用职权、失职渎职、执法犯法甚至徇私枉法严重损害国家法制权威；公民包括一些领导干部的宪法意识还有待进一步提高，严格执法、公正司法、全民守法的任务更加繁重，依法治国在党和国家工作全局中的地位更加突出、作用更加重大。

面对新形势新任务，我们党要更好统筹国内国际两个大局，更好维护和运用我国发展的重要战略机遇期，更好统筹社会力量、平衡社会利益、调节社会关系、规范社会行为，使我国社会在深刻变革中既生机勃勃又井然有序，实现经济发展、政治清明、文化昌盛、社会公正、生态良好，实现我国和平发展的战略目标，必须更好地发挥法治的引领和规范作用。可以说，现在比以往任何时候都更加需要发挥法治在国家治理和社会管理中的重要作用，比以往任何时候都更加需要国家机关、社会组织、全体人民在推进依法治国进程中共同参与、共同建设、共同享有。

一、从“人治”到“法治”

法治是人治的对立物，而人治是专制的同义语，因此，在奴隶制和封建专制制度下，不可能有法治。

在我国古代，长期以来，儒家虽然并非绝对否定法治，但是重视德治、轻视法治（“德主刑辅”）的传统却是不争的事实，以致中国法治和西方无论在制度上还是文化上都存在很大差距。在集权传统浓厚的中国，不仅中央和地方没有分权，而且政府内部不同职能也没有分权。集地方决策权、行政权与司法权于一身的县官升堂判案，早已成了中国传统法治状态的一副“标准像”。因此，虽然中国法家早在战国时期就发展了相当发达的法治理论，但中国现代法治仍然是西方“舶来品”。这是因为和德治不同，法治的核心是“他律”而不是“自律”；它所强调的不是官员对自己的道德约束，而是人民对官员的控制与官员之间的相互控制。

虽然中国知识分子在近代化过程中所关心的首先是民主等基本国体问题，法治也很快受到注意。梁启超早在清末就主张以法治国，

1913年9月他就任北京政府司法总长后明确表示，“今之稍知大体者，咸以养成法治国为图”[①]。著名立宪派成员熊希龄就任国务总理后不久，便直言“中华民国为法治国”的政见：“欲使中华民国巩固，非造成法制国不可。”[②] 文化保守主义者张东荪则将法治上升到民族生存的高度，并和梁启超一样认为法治国已经成为全国普遍拥护的理念：“今日之各国皆尚法治，我处其间，苟不步其后尘，非但不足以图存，且对内亦不能自立。”“中国之当为法治国，已为全国上下所共认。”颇为难能可贵的是，张东荪在当时就已经认识到行政法治是实现法治国的根本：“法治国者，不仅是人民之守法，尤必国家各机关之行动一一皆以法律规定为准绳，然后法治国庶几可得而成……仅有人民守法于下，而政府违法于上，则法治国终无由以成，且此种为专制国顺民之现象，不可以法治国相比拟。故吾人苟欲进中国为法治国，不当仅求人民之守法，亦应求政府之守法。夫政府能守法于上，而后人民始可守法于下。”[③]

当时的有识之士不但认同西方法治理念，也往往将法治和依法行政及官民平等联系起来，例如，胡适认为：“法治只是要政府官吏的一切行为都不得逾越法律的界限。法治只认得法律，不认得人。”[④] 罗隆基也认为：“法治的真义是全国之中，没有任何人或任何团体处于超法律的地位。”[⑤]

1978年2月15日，梁漱溟在全国政协五届一次会议上发言说：“现在我们又有机会讨论宪法，参与制定宪法了，这是一桩可喜的事

① 邱远猷：《梁启超的法治思想》，《光明日报》1998年11月13日。
② 李学智：《民国初年的法治思潮与法制建设》，中国社会科学出版社，2003年版，第15页。
③ 张东荪：《法治国论》，《庸言》第1卷第24号，1913年11月16日。
④ 胡适：《人权与约法》，《新月》第2卷第2号，1929年4月10日。
⑤ 罗隆基：《论人权》，《新月》第2卷第5号，1929年7月10日。

情。……我的经验是，宪法在中国，常常是一纸空文，治理国家主要靠人治，而不是法治。新中国成立30年，有了自己的宪法。但宪法是否成了最高的权威，人人都得遵守呢？从30年中的几个主要时期看，我的话是有根据的。……但我想认真而严肃地指出的是，中国的历史发展到今天，人治的办法恐怕已经走到了头。像毛主席这样具有崇高威望的领导人现在没有了，今后也不会很快就有，即便有人想搞人治，困难将会更大；再说经过种种实践，特别是'文革'十年血的教训，对人治之害有着切身的体验，人们对法治的愿望和要求更迫切了。所以今天我们讨论宪法，很必要，很重要，要以十二分的认真和细心对待这个大问题。中国由人治渐入了法治，现在是个转折点，今后要逐渐依靠宪法和法律的权威，以法治国，这是历史发展的趋势，中国前途的所在。是任何人所阻挡不了的。"①

从历史上看，自古至今，统治阶级治理国家的基本方法大体有两种，一种是依法办事、依法治理的方法，即依法治国（或称法治)；另一种是以言代法、依人而治的方法，即以人治国（或称人治)。要法治还是人治，这是任何政治体制必须首先解决的问题。

在人治下，君主个人的权力成为国家的权威，强调的是对个人权力的服从，君权凌驾于法律之上，"朕即国家"就是典型的代表。只有在法治下，法律才是国家的最高权威，只有法律才能对个人行为作出判决，人们只服从国家的法律，而不服从国家的官吏。这是一种非人格化的服从，从而使法律的权威具有至上性和稳定性。正如潘恩所说："在专制制度下，国王就是法律；而在民主制度下，法

① 祝彦：《新时期中国共产党确立依法治国方略的历史考察》，《中共中央党校学报》2007年第1期。

律就是国王。”[①] 可见，人治与法治最根本的区别在于国家、社会和公民个人最终是服从个人权威还是服从法律权威。凡以法律权威为最高权威的就是法治，而以个人权威为最高权威的就是人治。

“法治”是与人治相对立的概念，指的是治理国家的理念和方略。主要内容包括：法律是国家和公民活动的最高准则，任何国家机构、政党、社会团体和公民个人包括国家领导人都必须毫无例外地遵守法律，在法律规定的范围内活动；国家权力的行使需要有法律依据，对公民权利和自由的限制也必须有法律依据；法律面前人人平等，任何人违反了法律都必须受到追究；在犯罪与刑罚的领域，实行罪刑法定原则，法无明文规定不为罪等。

法治与人治的差异是巨大的：依法治国强调法律的规范指引功能，以人治国提倡圣君贤人的道德教化；依法治国强调法的一般性规则对每一个人的平等适用，强调法律面前人人平等，而以人治国则主张国家政策因人而异，搞区别对待；依法治国推崇法律的权威，以人治国推崇个人权威。

法治与人治相比较，具有无可比拟的优越性：

其一，多数人的意见虽不会是最好的，但绝不是最坏的；圣人的意见可能是最好的，但也可能是最坏的。正如亚里士多德所讲，“法治优于一人之治，因为在作出决策时，群众比任何一人有可能作较好的裁断”。我国那句耳熟能详的俗语——“三个臭皮匠，顶个诸葛亮”，道出的也是这个道理。

其二，人治中的感情因素无法祛除，并进而影响到国家的治理和公平的实现；法治考虑的是法的规定而非个人的情感，因而能保

① ［英］潘恩：《潘恩选集》，商务印书馆，1981年版，第222页。

证作出公正的裁决。“法律恰恰是免除一切情欲影响的神祇和理智的体现”。法治强调的是理性思维，是规则之治，因而可以最大程度地摒除感情因素的影响，从而使每一个人都能获得公平的对待。

其三，法治要求对公权力建立起完善的监督体系，对掌握公权力最多的政府及其人员提出更多的规则要求和权力限制，因为不受制约的权力必然导致泛滥，不受制约的权力容易导致腐败，暗箱运行之中的权力更容易滋生腐败，这已为世界各国所公认，也为无数事实所证明。所以，法治对政府的要求是有限政府、责任政府、透明政府，这样才可以有效防止个人专断和腐败。

其四，只有法治才能真正建立起市场经济体制。市场经济就是法制经济已经成为一个公认的命题。这主要是从主体平等、产权明晰、契约自由、公正竞争、全球贸易、私权神圣等角度来讲的。只有法治才能确立起市场经济的良好秩序和环境，只有法治才能建构起市场经济的运行规则，只有法治才能符合市场经济的内在要求，只有法治才能确保市场经济的健康运行。

其五，法治还是实现政治民主、社会权利、个人自由的保障。历史的经验和教训告诉我们：以人治国，将个人凌驾于法律之上，民主就会失去保障，公民的权利和自由就会受到践踏。因此，我国要建设民主政治，就必然要实行依法治国。

二、从“法制”到“法治”

法制，乃法律制度的简称，是法律的体系、体制和架构的整体，涵盖法律以及与法律的制定和实施相关的各种制度，体现着政权的属性和统治阶级的意志；法治，则是相对于人治的价值系统、治国理论、制度体系和运行状态。法制只是法治的必要条件，而非充分

条件——任何法治都是建立于法制的基础上，脱离了法制这一前提，法治便不可能建立和存续；但若只有法制，没有法律至上、限制公共权力和民主、自由、平等、人权保障等观念和制度的支撑，法治亦无法达成。

法治意味着严格依照法律治理国家的政治主张、制度体系和运行状态。它包含一个国家以宪法为基础的法律和法律制度由静态到动态的运行过程。法治在功能上表现为对专制权力的决然否定和对民主政治的完善和维护；在价值取向上意味着对正义的追求和对人人平等自由权利的保护。法治强调国家受宪法和法律的限制，政府权力来源于宪法和法律的授权，依宪法和法律指示的轨道有效地运行，强调任何越出轨道滥用权力的行为都同宪法相抵触。

新中国成立后，法治的提法可追溯到20世纪70年代末，1978年开始学术界提出法治概念。1978年党的十一届三中全会虽然没有直接提出“法治”概念，但“有法可依，有法必依，执法必严，违法必究”的十六个字清楚地表达了“法治”的意思。[①] 1978年12月13日，邓小平在中央工作会议上第一次提出要将民主制度化、法律化，并强调制度是决定性因素，强调要处理好法治与人治的关系。他指出：“当前这个时期，特别需要强调民主。”“为了保障人民民主，必须加强法制。必须使民主制度化、法律化，使这种制度和法律不因领导人的改变而改变，不因领导人看法和注意力的改变而改变，现在的问题是法律很不完备，很多法律还没有制定出来。往往把领导人说的话当做‘法’，不赞成领导人说的话就叫做‘违法’，

① 郑永年：《全球化与中国国家转型》，郁建兴等译，浙江人民出版社，2009年版，第190页。

领导人的话改变了，‘法’也就跟着改变。所以，应该集中力量制定刑法、民法、诉讼法和其他各种必要的法律……并且加强检察机关和司法机关，做到有法可依，有法必依，执法必严，违法必究。”他还特别强调：“国要有国法。党要有党规党法。”[①] 在这一思想指导下，我国掀起了一次大规模的立法高潮。1979 年 6 月，五届人大二次会议召开，通过了《人民法院组织法》、《人民检察院组织法》、《刑法》、《刑事诉讼法》、《中外合作经营企业法》等 7 部法律。此后又陆续通过了《经济合同法》、《民事诉讼法规（试行）》、《民法通则》等法律法规。中国从此进入了法制建设的快车道。

邓小平说，曾有一段时间，我们用政策代替法律，崇尚个人权威，轻视法律作用，特别是“从 1958 年批评反冒进、1959 年‘反右倾’以来，党和国家的民主生活逐渐不正常，一言堂、个人决定重大问题、个人崇拜、个人凌驾于组织之上的家长制现象，不断滋长。”[②] 最后不仅导致了“文化大革命”的十年浩劫，而且造成了政治体制中比较严重的人治现象，如“官僚主义现象、权力过分集中的现象、家长制现象、干部领导职务终身制现象和形形色色的特权现象”。究其原因，在于“旧中国留给我们的，封建专制传统比较多，民主法制传统很少。”历史教训告诉我们，缺乏法制观念的群众是造成乱世局面的社会土壤，只有全体公民的法制意识提高了，才能避免类似“文化大革命”那样的悲剧。同时，要求在现实中做到执法必严，违法必究，维护法律的权威与尊严。

1980 年 1 月，邓小平进一步强调指出：“要讲法制，真正使人

① 《邓小平文选》第 2 卷，人民出版社，1994 年版，第 146 页。
② 《邓小平文选》第 2 卷，人民出版社，1994 年版，第 330 页。

人懂得法律，使越来越多的人不仅不犯法，而且能积极维护法律。”“我们要在全国坚决实行这样一些原则：有法必依，执法必严，违法必究，在法律面前人人平等。”[①] 他还深刻论述了法制建设关系全局的战略思想，把法制建设提高到与经济建设并重的地位。这些论述与规定，表明了中国共产党人法制观念的大转型，体现了中国共产党对法律的尊重，以及对法制建设的高度重视。这对于唤醒和恢复全党全国人民的法制意识起到了很好的清醒剂作用，从而使20世纪末中国法制建设呈现一派欣欣向荣的景象。

1982年宪法的修改过程中法治是重要的价值取向，体现了法治的基本要求。宪法文本一方面遵循了人类法治的基本价值，将公权力的约束和人权保障作为基本内涵，另一方面力求在权力约束和人权保障上赋予了中国的元素，“使法治从宪法观念上升为治理国家的基本方略”[②]。如在强调权力制约的同时，也积极通过制度的功能建立互惠和对话为基础的“合作”机制，在人权保障，特别是自由和平等理念上，力求平衡两者的价值，不追求绝对的自由和平等价值等。[③] 1982年宪法序言的最后一段，就是根据全国各族人民的这个意见，对宪法的地位、作用所作的规定：“本宪法以法律的形式确认了中国各族人民奋斗的成果，规定了国家的根本制度和根本任务，是国家的根本法，具有最高的法律效力。全国各族人民、一切国家机关和武装力量、各政党和各社会团体、各企业事业组织，都必须以宪法为根本的活动准则，并且负有维护宪法尊严、保证宪法实施

① 《邓小平文选》第2卷，人民出版社，1994年版，第218页。

② 何勤华：《论中国共产党人的宪法观念与实践历程》，《人民论坛·学术前沿》2013年第15期。

③ 韩大元：《中国宪法文本中“法治国家”规范的分析》，《吉林大学社会科学学报》2014年第3期。

的职责。”宪法是国家的根本大法，是根本的活动准则。这是总结建国几十年经验，特别是“文化大革命”教训得出的结论。宪法序言的这一段规定，明确地回答了什么是宪法的问题，同时也表明了宪法的崇高地位。

由“法制”到“法治”，虽然一字之别，但却包含着不同的实质意义。“法制”（Legal system），只是法治的形式要件，它也可以依附于专制政治或人治；而现代意义的法治，即法的统治（Rule of Law），主张法律至上，标志着民主政治，同专制、人治是对立的。“法制国家”首先指的和强调的是法律和制度都很完备的国家。因此，从建设法制国家到建设法治国家，这是一个飞跃，其意义是极其深远的。而中国在这一字之差中间，走了近 20 年！可见法治精神确立的艰巨性。

实际上，“法治”与“法制”虽然有联系，但还有很大区别。法制是指各项法律制度的总和，它包括宪法和法律以及各项法规、规章制度。但法制是静态的，光有法律制度，如果法律制度违背了基本的宪法精神，或者得不到切实的遵守和执行，这样的“法制”还是不行。而“法治”作为治理国家的一项基本方略，它首先要求一套完备的法律制度，而且这套法律制度必须得到切实的遵守和执行，成为一切政权机构和公民一体遵守的唯一依据。

“法制”与“法治”是有一定内在联系但内涵并不完全相同的两个词。“法制”与“法治”都是法律文化中的重要内容，都是人类文明发展到一定阶段的产物。其中，“法制”是法律制度的简称，“法治”则是一种与“人治”相对应的治理社会的理论、原则、理念和方法。简而言之，法制是一种社会制度，属于法律文化中的器物层面；法治是一种社会意识，属于法律文化中的观念层面。与乡

规民约、民俗风情、伦理道德等非正式的社会规范相比，法制是一种正式的、相对稳定的、制度化的社会规范。法治与人治则是相对立的两种法律文化，前者的核心是强调社会治理规则（主要是法律形式的规则）的普适性、稳定性和权威性；后者的核心是强调社会治理主体的自觉性、能动性和权变性。虽然法律也是由人来制定的，而且法治也不排斥人的能动性，但从法律的制定、执行到修改都必须按照法律本身制定的规则，人的能动性只能在法律规定的范围内发挥作用，而不能超越法律，这正是法治内在的本质要求。

在法律产生之前，当然也就没有法制，更不会有法治，调节、制约人们社会行为的是风俗习惯、伦理道德，这样的社会只能是人治社会。只有在人类文明发展到一定阶段之后，尤其是国家出现之后，法律才产生。但是，法制的产生，并不意味着法治的诞生。

作为一种社会制度，法制并不必然地排斥人治，法制既可以与法治相结合，也可以与人治相结合。当法制与人治相结合时，法律权威是第二位的，政府权威（在封建社会就是皇权）是第一位的，法律制度是为人治理念服务的。在那里，调节国家行为的主要是政府权威，调节民间行为的主要是道德权威，法律权威只是起一种补充和辅助的作用。

当法制与法治相结合时，法律权威是第一位的，是一种超越所有权威，包括政府权威、道德权威在内的社会权威，法律成了所有社会群体、社会个人的行为准则。在那里，政府权威源于法律权威，服从法律权威，道德权威只是起一种补充和辅助的作用。

在法治社会里，法律权威源于大多数社会成员对法律的“合法性”的认同。所谓合法性，是指人们对法律或规则或制度的一种态度，是对有关规则的产生或有关规则制定者及其权威的判断。正如

英国法学家阿蒂亚所说的那样，“只有当人们认为有某种道义上的义务遵守法律时，人们才有可能遵守法律”。所以，法治社会不仅是法治意识与法律制度相结合的产物，往往也是与民主制度相结合的产物。

法制在给了中国以法治希望的同时，也带来了“法制工具主义”的副产品。我们不仅需要法制，更需要法治。当法制逐步走向完善，法治就会成为一种必需，一种价值选择，一种信念和习惯。法制强调静态的制度，法治更强调治理的过程，而法治的核心就是依法治理。非法律专业人士可能很难体察到这其中的区别，但我们的生活中却无时不受到这两个“一字之差”的深远影响。法学家们形象地把“法制”称为“刀制”，而把“法治”称为“水治”。刀者，专政工具；而水，寓意“法之公平如水”。“刀制”的要害在于握刀的人，用好了，于国于民是福；用不好，则遗祸无穷。“水治”的核心在于所寓意的公平，谁来达到公平的结果并不重要，重要的是，一定会有公平。在法治制度下，治国的不是人，而是法。立法官员也好，行政官员也好，司法官员也好，都不过是法律体现自己意志的工具和手段。行政官员执行立法机构所立之法，司法官员解释立法机构所立之法，立法官员则根据宪法来立法。立法官员所立之法如果违宪，就不能成立。从这个意义上讲，他们都是执行法律的人（执法者），只不过立法官员执行的是宪法规定和赋予的责任而已。而且，无论立法、执法、司法，最终都必须服从宪法。也就是说，在人（执法者）与法的关系中，法是第一位的；在法与法的关系中，最高法律是第一位的；在最高法律中，宪法是第一位的。

三、从“以法治国”到“依法治国”

和从“法制”到“法治”的嬗变一样，从“以法治国”到“依法治国”的转换也经历了一个过程。

法治作为人类创造的政治文明成果，在社会发展中越来越显示出不可或缺的重要作用。在古希腊，亚里士多德提出了“法治应当优于一人之治”的思想。在中国古代，《管子》中也出现了“以法治国”一词。其后，战国时期的商鞅、韩非等人又发展了“法治”思想。尽管古代先贤提出过不少关于法治的思想，但在当时的历史条件下，不可能实行真正意义上的法治。到了近代，随着资本主义的发展，一批资产阶级思想家，在批判封建专制统治的同时，提出了资产阶级法治思想，促进了资产阶级革命的兴起和资本主义法治的建立。这是一个重大的历史进步。然而，资产阶级法治仍然带有它自身不可超越的阶级局限性。

“以法治国”就是用法律（法制）来治理国家；“依法治国”就是按照法律（法制）来治理国家。“以法治国”和“依法治国”两者潜在主语不同。前者是一国的统治者，“以法治国”系指统治者制定和运用法律治理国家，把法律视为治国手段。后者是国家执法部门，它们依据统治者制定的法律管理国家。前者是党和政府用法律来治理国家，后者是党和政府依据法律来治理国家。

“以法治国”与“依法治国”虽然只有一字之差，其内涵却有着本质的区别。“以法治国”是说用法律去治国，法律是一种用来治国的工具。这是传统的管理主义的法律观念。这种“法治”，主体是国家机关，是手中掌握权力的人，治理的对象是人民群众。而且“以法治国”有法律工具主义的嫌疑。国家的管理者如果把法律当作手中的工具，则有可能任意改变这一工具，或者滥用这一工具。因此，这种观念的实质是法制而不是真正的法治，甚至是人治的另外一种表现形式。“依法治国”是说治国必须依法，即治理国家的方式方法必须依照法律的规定。这是现代的控权主义的法律观念。在依法治国的观念下，国家的管理者必须依照人民按自己的利益和意志制定出来的法律来行事，并且不得违反这样的法律。这种“法治”，主体是人民，治理的对象是有可能滥用国家权力的当权者。可见，“以法治国”的实质是“以法治民”，而“依法治国”的实质是“依法治吏”。

与依法治国最经常地被交错使用的是“以法治国”。治理国家的方式方法是多样的，可以“以人治国”、“以礼治国”，也可以“以法治国”或“依法治国”。“以人治国”中的“人”是指掌握国家政权的人。以人治国，即依靠国家领导者的智慧和才能来治理国家。“以礼治国”中的“礼”系中国古代的“周礼”或以周礼为渊源而形成起来的礼的规则体系，依礼治国，是中国古代特有的运用和依照“周礼”来治理国家。“以人治国”、“以礼治国”并不是截然分离或者相互排斥的。它们有时甚至是相容相伴的。中国古代社会其实正是它们的综合。可以说，古代的中国社会的管理模式与体制就是人治、礼治的统一。

“以法治国”中的“以”可以作“运用”讲，也可以作“依照”讲，是指运用和依照法律来治理国家。“以法治国”的外延广于“依法治国”，即它既包括依法治国在其中，又不仅限于依法治国。其广于依法治国的含义也就导致了其不同于依法治国而有可能走向依法治国的歧途。以法治国中“运用法律治理国家”的治国方式，古往今来都有。只是在不同的时代，其实质有所区别，主体有

所差异罢了。古代，在没有近代民主的情况下，以法治国，是君主们以法治国。古代专制统治下的以法治国，并不是近现代法治。在近代，近代民主产生以来，以法治国的主体在应然上被修正为人民，应是人民依法治国。近现代民主基础上的依法治国，也就具有法治的含义。因此，不能说以法治国就是古代的或者封建的。它既有在字面上等同于近现代法治的意味，也有在广义上区别于近现代法治而包含专制下的“法治”的方面。

“以法治国”与“依法治国”都是由人来实施的，但是效果就很不同。“以法治国”是一种“秩序中心主义”的形式法治观，仍然强调法律作为阶级统治的工具性。以法治国与依法治国的相同点在于都是按照宪法和法律的规定来治理国家，但其不同点在于“以法治国”是政府把法律作为工具来管理国家和社会事务、经济和文化事业。政府本身在法律之上，不受法律的约束，在本质上是无限政府。而“依法治国”下的政府受法律的约束，在本质上是法治政府和有限政府。由于我国是一个有着两千多年人治传统的国家，“以法治国”的观念在各级官员的观念中根深蒂固。过去的官员把法律作为统治的工具，现在的官员把法律作为政治的工具。今天要推动依法治国，就必须在思想上认清“以法治国”观念的危害，推动“依法治国基本方略深入落实，全社会法制观念进一步增强，法治政府建设取得新成效”。

从人治到法治，从以法治国到依法治国的转变，是中国共产党领导人民扩大社会主义民主，建设社会主义法治国家，发展社会主义政治文明的重要标志。依法治国是党和政府提出的治国方略。它要求各级政府必须坚持依法行政，按照法律、法规、规章的要求管理国家和社会事务、经济和文化事业。党提出依法治国，就是要确

立法律在国家和社会生活中至高无上的权威，一切政党、政权机关、社会组织和个人都必须在宪法和法律范围内活动。

从“以法治国”到“依法治国”，从“法制国家”到“法治国家”，虽然仅一字之差，但意味着中国共产党从单纯强调建立完备的法律体系，到重视治国理政实践的正当性与合法性，意味着中国共产党强调法律在国家生活中的至上地位，绝对地排斥人治、否定人治，也意味着中国共产党的法治观从片面、形式的法治观发展为全面、实质的法治观。法治国家更加强调法治的价值内涵，它至少应当包括人民主权、法律至上、法制完备、依法行政、司法公正、权力约束、权利保护、人权保障和社会自治等基本特征，它表明法治的实施不仅要使法律成为治理社会的首要机制，更要用法治的根本精神和价值指导实践并促其实现。

四、从“依法治国”到“依宪治国”

依法治国，首先必须依照宪法治国。这一论点的提出，不仅因为党的十五大报告对依法治国的阐释中有“依法治国，就是广大人民群众在党的领导下，依照宪法和法律规定，通过各种途径和形式管理国家事务，管理经济文化事业，管理社会事务”的论述，而更重要的是体现了党的政策与宪法的一致性。我国宪法序言中明确提出，宪法“是国家的根本法，具有最高的法律效力。全国各族人民、一切国家机关和武装力量、各政党和各社会团体、各企业事业组织，都必须以宪法为根本的活动准则，并且负有维护宪法尊严、保证宪法实施的职责”。而上述阐释的后半部分基本上是沿用了宪法第2条第3款的原句：“人民依照法律规定，通过各种途径和形式，管理国家事务，管理经济和文化事业，管理社会事务。”

从理论上讲，首先，在依法治国的所有“法”中，最重要、最根本的就是宪法。宪法是国家的根本大法，是治国安邦的总章程。

其次，“法”作为一个有机统一的体系，在依法治国过程中，其内部组成不免会随着社会的发展变化而出现各种冲突、矛盾，而唯有宪法才能高瞻远瞩地对各种发展变化作出科学的判断和预见，解决社会发展变化中出现的各种问题，平衡各种利益主体之间的冲突和矛盾，从而有效防止法出多门，协调法律体系中各部门法之间的关系，使其形成互相配合、有机统一的整体。

最后，依法治国中的“国”主要是指国家政权，而唯有宪法能够全面规定国家政权的有效运作，唯有宪法才能规范和调整国家立法机关、行政机关和司法机关的组织。也就是说，宪法是其他法律的立法基础，任何法律的制定和执行，都必须以宪法为依据，而不能与宪法相抵触；任何违宪行为都是不允许的。由此可见，依法治国首先是依宪法治国。

从实践上看，各国法治发达史都是从宪法发达开始的。综观西方各国的法治发达史，无论是没有成文宪法典的英国，还是有成文宪法典的美国、法国等，都是有了宪法后，才有对国家法律秩序、政治体制和人民权利的具体规定。可以说，各国法治发达史也就是宪法的发达史，依法治国首先是依宪治国。

从现实情况看，全面把握依宪治国，需要厘清它与西方宪政的根本区别。不可否认，现代意义上的宪法源于西方国家，并在西方国家有较长的实践历史。美国1787年宪法是第一部资本主义成文宪法，至今仍在发生效力。然而，这样的宪法实践有其阶级基础和特殊历史文化条件，不能照搬照抄到我国。在西方国家，宪政的主要功能是基于宪法规定进行“分权”，通过每隔几年的选举让不同政党

上台轮流执政，实现各自执政理念和主张。从表面上看，依据“普遍平等”“一人一票”原则进行的民主选举体现了民主公平。但实际上，选举背后真正起决定作用的还是各种资本力量、利益集团或少数精英群体力量，广大民众无法决定国家和社会生活重大事项，选票无法真正有效地反映选民意愿。

我国宪法庄严宣告，中华人民共和国是工人阶级领导的、以工农联盟为基础的人民民主专政的社会主义国家，国家的一切权力属于人民。中国共产党是中国工人阶级的先锋队，工人阶级的领导主要通过党的领导来实现。人民行使国家权力的机关是全国人民代表大会和地方各级人民代表大会。全国人民代表大会和地方各级人民代表大会都由民主选举产生，对人民负责，受人民监督。人民代表大会制度是按照民主集中制原则，由选民直接或间接选举代表组成人民代表大会作为国家权力机关，统一管理国家事务的政治制度。由此来看，是否坚持中国共产党的领导，是否坚持人民当家作主，是区分我国依宪治国与西方宪政的一道分水岭。①

当前，我国正处于全面建成小康社会的关键期、全面深化改革的攻坚期和社会矛盾的凸显期，需要进一步解放思想、更新观念，突破利益固化藩篱，综合考虑人民根本利益、现阶段公众共同利益和不同群体特殊利益的关系。而执政党的主张、国家意志和人民利益愿望主要通过宪法这个平台表达出来，通过宪法来规范人们的行为、设定价值目标、凝聚社会共识、协调利益关系，并通过宪法实施来推动发展、深化改革、化解矛盾和维护稳定。

邓小平1992年在南方谈话中指出：“恐怕再有三十年的时间，

① 何民捷：《全面把握依宪治国》，《人民日报》2014年11月25日。

我们才会在各方面形成一整套更加成熟、更加定型的制度。在这个制度下的方针、政策，也将更加定型化。”[①] 过去我们说建设现代化，是工业、农业、科学技术和国防的现代化，或是分别从经济、政治、文化、社会建设等角度提出的现代化，而新目标是从国家制度层面提出的涉及整个国家体制的综合意义的国家治理体系的现代化，而国家治理能力是检验一个国家的基本制度是否比较完善、比较定型的重要标志。坚持依宪治国，才能从根本制度上推进国家治理体系和国家治理能力的现代化。

宪法在我国取得这样的地位来之不易。近代以来，许多政治力量主张实行各种所谓宪法政治，但都以失败告终。新中国的成立和社会主义制度的建立，为在中国实行依宪治国奠定了根本的政治和经济基础。特别是改革开放以来，在党的领导下，我们对依宪治国的认识逐步深化，法治国家建设不断推进。党的十八届四中全会提出全面推进依法治国、加快建设社会主义法治国家的奋斗宣言和行动纲领，开启了依宪治国的新征程。

① 《邓小平文选》第3卷，人民出版社，1993年版，第372页。

第四章 宪法与依法治国

改革开放后，我国把依法治国确定为党领导人民治理国家的基本方略，把法治确定为党治国理政的基本方式，充分发挥法治在社会治理中的重要作用。1997 年 9 月，党的十五大报告明确提出，实行依法治国，建设社会主义法治国家。从此将“依法治国”确立为党领导人民治理国家的基本方略。1999 年 3 月，九届全国人大二次会议将“依法治国”载入宪法，从而使“依法治国”从党的意志转化为国家意志。把“建设社会主义法治国家”的目标写入宪法，标志着“依法治国”的法治精神上升为宪法原则。我国正式走上了依法治国的道路，朝着法治时代迈进。自此，依法治国不仅是一个重要的政治规范，而且上升为重要的宪法规范，使之获取了最高的法律效力，使中国的法治之路有了坚实的宪法基础和依据。

依法治国是一项复杂的社会系统工程，所涉及的范围之广、

问题之多是一般工作无法相比的，宪法的地位和作用不允许它对每一件事情都作出具体规定，因此又必须依据更多的法律来规范。但是，宪法是国家的根本法、最高法，也是实施依法治国基本方略的最高原则，谁违背了这一原则，谁就是最大的违法，这也是认识宪法与依法治国关系的最高原则。

我国现行宪法集中体现了我国社会主义初级阶段党的主张和人民意志的高度统一，党的十一届三中全会以来一系列为实践证明是正确的路线、方针、政策被写入了宪法，也为依法治国提供了最权威的法律依据。党的十八届四中全会通过的《中共中央关于全面推进依法治国若干重大问题的决定》指出，全面推进依法治国，总目标是建设中国特色社会主义法治体系，建设社会主义法治国家。这就是，在中国共产党领导下，坚持中国特色社会主义制度，贯彻中国特色社会主义法治理论，形成完备的法律规范体系、高效的法治实施体系、严密的法治监督体系、有力的法治保障体系，形成完善的党内法规体系，坚持依法治国、依法执政、依法行政共同推进，坚持法治国家、法治政府、法治社会一体建设，实现科学立法、严格执法、公正司法、全民守法，促进国家治理体系和治理能力现代化。

第一节　依法治国是我国宪法确定的治国方略

依法治国是我国宪法确定的治国方略，是社会主义法治理念的核心内容。宪法第 5 条规定：“中华人民共和国实行依法治国，建设社会主义法治国家。”依法治国是社会文明进步的显著标志，是国家长治久安的重要保障，是建设中国特色社会主义经济、政治、文化的必然要求。

一、依法治国的重要意义

依法治国，是坚持和发展中国特色社会主义的本质要求和重要保障，是实现国家治理体系和治理能力现代化的必然要求，事关我们党执政兴国，事关人民幸福安康，事关党和国家长治久安。

依法治国是国家治理现代化的必由之路。依法治国，是坚持和发展中国特色社会主义的本质要求和重要保障，是实现国家治理体系和治理能力现代化的必然要求。建设社会主义法治国家，使其达到理想的境界，在我国大约还需要三十年乃至五十年左右的时间。这一长期性决定了建设法治国家的历史性进程具有渐进性、持续性和阶段性的特点。在这个问题上，既不能不顾主客观条件而操之过急，也不能不去做那些可以做到的事情而停步不前。如何实现在观念更新尤其是制度变革上的持续性，以始终保持这一历史性进程的发展势头，如何在国家的不同发展阶段上选择某些重大改革措施，以影响和推动全局的进展，都是需要认真对待的重要问题。

社会文明的进步呼唤法治。从人类社会历史进程看，从封建专制国家，到资产阶级民主法制国家，体现了人类社会的文明进步。观诸世界强国的现代化进程，无不包含着国家的法治化，而法治也无不给这些国家带来繁荣、稳定和发展，使其跻身文明国家行列。中国的社会主义现代化建设要吸收一切人类文明的优秀成果，实行依法治国，建设法治国家是中国社会进步的重要标志。社会主义法制是社会主义精神文明建设的有力保障，也是社会主义精神文明在国家和社会生活中的重要体现。实现依法治国，是中国迈向富强、

民主、文明的社会主义现代化国家的必然选择。

改革开放以来的社会稳定的局面需要法治。历史告诉人们，没有安定的发展环境，国家的强盛就无从谈起。改革开放以来，人心思进、人心思安维护了社会的基本稳定，但国家政治秩序的有序、人民利益关系的和谐、危害社会行为的消除，不能单纯依靠政治动员和人民自觉，需要法治并且也只有法治才能提供长期的确定性和稳定性，保证国家繁荣、人民幸福和社会和谐。而依法治国是实现国家长治久安的可靠保障。当前，国际国内形势正在发生深刻变化，经济和社会生活中的一些矛盾比较突出。这就要求我们要依靠法治来协调社会关系，化解社会矛盾，维护社会稳定。同时还要依法严厉打击各种犯罪活动，加强社会治安综合治理，创造良好的社会治安环境。

社会主义民主政治的发展期待法治。改革开放后，政治体制改革取得一定成就，人大的作用得以增强，政府的权力受到制约，人民的权利得到保障和增进，国家政治生活走向正常化、民主化和制度化，这些改革成果依靠领导人强势维护是不牢靠的，只有法治能使之不可逆转，并且继续按照人民的意愿向前推进。依法治国是进一步发展社会主义民主政治的基本要求。民主与法治相互依赖，相互促进，密不可分。社会主义民主是社会主义法治的基础，社会主义法治是社会主义民主的保障。只有人民掌握政权，实行社会主义民主，才能把自己的意志上升为国家法律，建立起自己的法律制度，才能使人民依法享有广泛的权利和自由。同时，人民的民主权利和公民的基本权利，国家经济、政治、文化和社会生活各方面的民主制度、民主结构、民主形式和民主程序，都需要有法律加以确认、规范，并通过国家的强制力来保证实施。

社会主义市场经济要求法治。依法治国是发展社会主义市场经济的客观需要。市场经济蕴含的自由、公平、效率价值与法治所包含的平等、人权精神一脉相承，孕育了宪法这一新生法律部门。法治国家必然要求实现以等价交换为核心的市场经济，市场经济的充分展开为法治的生存与发育提供了根基与土壤。只有确认、规范、引导并保障市场经济的宪法，才是符合于法治国家发展的宪法。宪法作为法治国家强国的经济宪章，就在于它以市场经济体制为依托，把维护制度正义与提高经济效益有机地结合起来。与此同时，市场经济、宪法价值的及时选择及其功能释放，是宪法对构造法治国家的重要机制。因为市场经济资源配置的自发性和经济行为的自主性除了一般地要求法治社会环境的支撑使之内化为法治经济，更要求对政府公共权力的领域作出明确的界定，划分出公共权力所及的“公共领域”和个人权利所在的“私人领域”。经济权力同其他政府权力一样也应是有限度的，合理的界限便是：既要保障政府干预与调控经济权力的存在与高效运行，又要防止政府权力的无限扩张，以保障经济自由免受公共权力的过分干预与侵犯。市场经济是一种法治经济，离不开法制的保障。一个比较成熟的市场经济，必然要求比较完备的法制。我国社会主义市场经济不断发展，特别是加入世界贸易组织后，进一步完善法制建设，显得更加紧迫。当前我国经济领域出现不少混乱现象，如失信毁约、制假贩假、偷税漏税、欺行霸市等，破坏了市场秩序，干扰了国家建设，损害了群众利益。这些都与我们相关法律不够健全以及执法不力有直接关系。从高度集中的计划经济体制到建立和完善社会主义市场经济体制是一场深刻的变革，市场经济是人类发展至今实现资源配置最优的经济体制和模式，它崇尚平等、遵循规则，对法治有着天然的需求，追求完

备的规则体系给予人们行为的可预见性，中国试图跟上新产业革命的脚步实现自我的发展，也必须建立统一稳定的规则并推行之。

二、依法治国的基本内涵

依法治国，就是广大人民群众在党的领导下，依照宪法和法律的规定，通过各种途径和形式，管理国家事务，管理经济和文化事业，管理社会事务，保证国家各项工作都依法进行，逐步实现社会主义民主的制度化、法律化，使这种制度和法律不因领导人的改变而改变，不因领导人看法和注意力的改变而改变。依法治国的主体是广大人民群众。宪法明确规定，国家的一切权力属于人民。我们所说的法治，不应是“治民”，而应是“民治”，就是人民当家作主治理国家。

深刻理解依法治国的科学内涵，应注意把握以下内容：

（1）由谁来依法治国？是人民群众在党的领导下来依法治国。人民群众是依法治国的主体。我国宪法明确规定，中华人民共和国的一切权力属于人民，人民通过法律形式把自己的意志上升为国家意志，行使当家作主的各项权力，国家机关及其工作人员只是代表人民具体行使国家管理职能。

（2）“依法治国”治什么？这里的“治”，是指依法管理国家事务、经济文化事业和社会事务，包括依法惩处各种犯罪行为，也包括维护每个人的法律权利。

（3）“依法治国”依据的是什么法？就是我国社会主义的法律，其中最重要的是宪法。宪法是国家的根本大法，体现了党的主张和人民的根本利益、根本意志的统一，具有最高的权威和至上的效力。任何组织和个人都必须严格依照宪法和法律办事，自觉维护宪法和

法律的尊严。

依法治国理念的基本含义是依据法律而不是个人的旨意管理国家和社会事务，实行的是法治而不是人治；其核心是确立以宪法和法律为治国的最具权威的标准，树立法高于人、法大于权的观念。依法治国理念具有以下三个方面的基本内涵：

第一，法律面前人人平等。这是我国宪法明确规定的社会主义法治的基本原则。这一原则具有三个方面的含义，即公民的法律地位一律平等，任何组织和个人都没有超越宪法和法律的特权，任何组织和个人的违法行为都必须依法受到追究。

第二，树立和维护法律权威。这是实施依法治国方略的迫切需要。法律权威就是法律所具有的尊严、力量和威信。维护法律权威，必须确立法律是人们生活基本行为准则的观念；维护法律权威，必须首先维护宪法权威；维护法律权威，必须努力维护社会主义法治的统一和尊严；维护法律权威，必须树立执法部门的公信力。

第三，严格依法办事。这是依法治国的基本要求，也是法治区别于人治的重要标志。严格依法办事，就是要做到“有法必依、执法必严、违法必究”。对于一切国家机关特别是专门履行执法、司法职责的政法机关来说，严格依法办事要求必须做到职权由法定、有权必有责、用权受监督、违法受追究。

三、依法治国的目标

依法治国的目标是建设社会主义法治国家。这决不仅仅是一句政治口号，也不是一时的权宜之计，而是一个执政党在领导方式、执政方式和治国方式上的重大转变，也是建设中国特色社会主义的必然选择。

十八大以来，中共中央在法治建设方面提出了一系列新思想、新理论、新观点。十八届三中全会提出全面深化改革总目标就是完善和发展中国特色社会主义制度，推进国家治理体系和治理能力现代化。十八届四中全会提出全面推进依法治国的总目标就是建设中国特色社会主义法治体系，建设社会主义法治国家。十八届四中全会进一步把全面深化改革的总目标具体化，这就是，在中国共产党领导下，坚持中国特色社会主义制度，贯彻中国特色社会主义法治理论，形成完备的法律规范体系、高效的法治实施体系、严密的法治监督体系、有力的法治保障体系，形成完善的党内法规体系，坚持依法治国、依法执政、依法行政共同推进，坚持法治国家、法治政府、法治社会一体建设，实现科学立法、严格执法、公正司法、全民守法，促进国家治理体系和治理能力现代化。

全面推进依法治国是为了推进国家治理体系和治理能力现代化，法治是国家治理体系和治理能力的集中体现和重要依托。法治化是国家治理现代化的必由之路。宪法是国家治理体系的基石，正是通过宪法的确认，国家治理中带有根本性、全局性、长期性的制度获得了最高的法律效力，具有极大的权威性、连续性、稳定性。因此，在国家治理中，要高度重视宪法的作用，树立宪法的权威，确保宪法的实施，确保国家治理制度的统一和权威。

法治牵引和改革保障，是引领和推动国家治理体系和治理能力现代化的关键。依法治国的实质是依照宪法和法律管理国家、治理社会、服务人民，国家治理体系现代化关键就是治理体系的法治化。我国的法治建设，自党的十五大以来形成了两条主线：第一条为“法治行为”主线，即依法治国、依法执政、依法行政；第二条为“法治目标”主线，即法治国家、法治政府、法治社会。而这两条主

线必须融入国家治理能力和治理体系中，才能形成良法善治的局面，全社会法治水平才能不断提高。

建设社会主义法治国家，不仅需要制定完备的法律制度，而且需要使这些法律制度为广大公民接受认同并遵循运用。我国宪法规定的“法治国家”是社会主义法治国家。社会主义法治国家的目标的确立具有不可低估的重大意义，体现在众多的社会方面。

法治国家目标的确立有利于人权保障。法治国家是严格保障人权的国家。法治的创立在很大程度上有着保障人权的目标设定。法治国家都会把人权保障放到极为重要的位置来加以考虑。保障人权既是法治国家的目标也是法治国家的特征。我们确立了法治国家的目标就可以，而且也必须把人权保障作为重要的社会理想和社会责任加以特别的重视。

法治国家目标的确立有利于市场经济的建立。市场经济的主体需要法律确定其地位，保障其权利；市场经济的各种活动需要法律来规范，各种矛盾需要法律来解决；市场经济体制的确立需要法律来确认；市场经济的正常发展需要法律保驾护航，离不开法律作用的充分发挥。没有法律和法治，就没有市场经济。市场经济是法治经济。最好的法律和法治，只能是法治国家的法律和法治。确立了法治国家的目标，有利于全社会名正言顺地开展法制和法治建设，为市场经济的发展提供更好的法治环境。

法治国家目标的确立有利于政治民主的进步。政治民主总是与法制和法治密不可分的。首先，法制是政治民主的依据，政治民主总是由法治来保障的。没有法制，政治民主就缺乏依据，没有法治，政治民主就缺乏保障，进步了的民主也可能得而复失。其次，法制和法治是政治民主的规范。政治民主并不是政治活动主体的随心所

欲，它必须遵循一定的规范，按照必要的轨迹进行。而确立政治民主规范和轨迹的最确定、最权威的规则只能是法律。再次，法制和法治是政治民主的推动力、促进器。法律上的民主是政治民主的制度预设，是政治民主的先导。法治国家目标的确立为政治民主中的法制和法治建设开辟了道路、确立了目标，在法治国家建设中的政治民主建设必将取得更大的成绩。

法治国家目标的确立有利于精神文明的发展。精神文明是法治发展的基础，法治发展是精神文明的先导和保障。法治以明确肯定的方式引导精神文明的发展方向，以国家权威性和国家强制力保障精神文明的健康发展。法治国家目标的确立，有利于运用法律良化社会风尚，宏扬传统美德，开创社会新风；有利于发展科学技术和文化教育事业，总之，有利于运用法律来推进和保护精神文明建设的发展。

法治国家目标的确立为法制和法治建设确立了明确的奋斗目标。法制和法治的发展必须有明确的目标，有了明确的奋斗目标，法制和法治建设才能取得更大进步。法制和法治的目标是多元多层次的。建设法治国家只是其目标之一。建设法治国家是最直接、最明确的目标。有了这一目标，法制和法治建设必将获得更大的发展。法治国家目标对于法制和法治建设具有指导方针的意义。

第二节　坚持依法治国、依法执政、依法行政共同推进

依宪治国是现代法治国家的重要标志。法治中国，是宪法法律

具有最高地位和最高权威的中国，是公民依法享有最广泛权利和自由的中国，是政治清明、经济富强、文化繁荣、社会和谐、生态文明的中国。法治中国建设必须坚持依法治国、依法执政、依法行政共同推进，法治国家、法治政府、法治社会一体建设。这是全面推进依法治国的工作布局。

推进法治中国建设，是当前阶段全面深化改革的重要步骤，是一个前后相续、内外互动的过程，是一项立法、执法、司法和守法共同推进的综合性系统工程，需要坚持法治国家、法治政府和法治社会的一体建设，需要在法治建设各个领域全方位整体推进。依法治国是党领导人民治理国家的基本方略，依法执政是党在新的历史条件下执政的基本方式，依法行政是各级政府的基本准则。

一、依法治国是执政为民的根本保障

依法治国就是人民群众在中国共产党的领导下，依照宪法和法律的规定，通过各种途径和形式，管理国家事务，管理经济和文化事业，管理社会事务，逐步实现社会主义民主的法律化、制度化，使这种法律和制度不因领导人的改变而改变，不因领导人注意力的改变而改变。根据对依法治国的这一科学概括，人民群众是实行依法治国的主体，国家事务、经济文化事业和社会事务是依法治国的客体。

人民是国家的主人，是社会的主体，也是推进依法治理、建设法治社会的主体。要以促进社会公平正义、增进人民福祉为出发点和落脚点，紧紧依靠人民推进社会治理，充分调动人民群众参与依法治理的积极性，克服只讲“官”治、不讲“民”治的偏失，形成依法治理依靠人民、依法治理为了人民、依法治理成效造福于人民

的良好局面。因此，要充分发挥人民团体和社会组织在法治社会建设中的积极作用。人民团体是党领导下的群众组织，是党联系人民群众的桥梁和纽带，在法治社会建设中肩负重要责任。

依法治理作为一项群众性的法治实践活动，一般不涉及国家宏观架构和宏观事务，因此，依法治理的客体主要是地方、行业、基层事务，包括政治事务，经济文化事务和社会事务。通过依法治理，调整政治、经济、文化和社会生活中的各种社会关系，平复社会矛盾，达到权利义务的统一，从而使政治稳定，人的积极性和创造性得到最大限度的发挥；使地区与地区、城市与乡村、经济与社会、人与自然和环境、国内经济与对外开放统筹兼顾，全面协调可持续发展；使社会祥和，秩序井然，国泰民安。形成政治稳定、经济发展、社会全面进步的良好氛围，实现管理政治和社会事务、经济和文化事务的目标。

执政为民是我们党的性质和根本宗旨的体现。在当代中国，执政为民最根本的保障是实施依法治国方略。这是因为：

依法治国是充分而有序地反映人民群众利益诉求的根本保障。政治过程始于一定社会中各利益群体围绕国家权力所作的利益诉求。我们党要执政为民，首先要看我们党能不能使人民群众的不同利益群体都充分而有序地提出自己的利益诉求。人民群众的利益诉求越充分，我们党通过国家权力对这些利益的权威性配置就越能充分反映民意；同时，人民群众的利益诉求又必须遵循一定的规则和程序进行，否则将产生社会动荡。充分而有序是人民群众真实有效地提出自己利益诉求的两个基本条件，这两个条件只有在法律保障的基础上才能满足。我们党了解不同利益群体的利益要求和愿望，并将体现这些要求和愿望的政策经过一定程序上升为国家法律，这是我

们党执政为民的先决条件。

依法治国是实现人民群众既定权益的根本保障。依法治国的根本目的，是保障公民的各项权利不受侵犯。判断一个国家是不是法治国家的一个重要标准是公民权利得到保障的范围和程度，而公民权利得到保障的范围和程度，主要在于宪法的相关规定。宪法是国家公权力的根本来源。国家公权力决定于公民权利，人民是国家公权力的赋予者和监督者。人民有权通过法定程序赋予国家机关和国家公职人员公共权力，也有权通过法定程序监督和罢免国家公职人员。“有法可依、有法必依、执法必严、违反必究”是依法治国、建设社会主义法治国家的基本原则。根据这一原则，我们党坚持在宪法和法律范围内活动，保证执政权力的正当行使，防止权力的异化、失控和滥用，从而使源于人民的国家权力真正服务于人民；保证国家各项工作都依法进行，逐步实现社会主义民主的制度化、法律化，形成有利于发展先进生产力和先进文化的法律秩序，从根本上实现和保障人民群众的经济、政治、文化权益。

依法治国是完善我们党领导方式和执政方式的根本保障。依法治国要求正确处理执政党与国家政权之间的关系，依法进行权力的合理配置和监督制约，既确保党的领导地位和作用，又充分实现宪法和法律赋予国家政权机关的地位和作用。执政党的领导权一是通过将其主张上升为法律，实现对国家事务的政治领导，行政、司法机关及社会团体以遵守法律的形式与党形成领导与被领导的关系；二是向国家政权机关推荐干部，通过干部落实党的政策主张。三是通过设在各机关、组织中的党组织和党员的表率和监督作用，贯彻党的政策主张。同时，党的领导方式和执政方式也要从政策领导、直接领导向依法领导、间接领导转变，使党从具体行使管理职能中

解脱出来，保证党始终发挥总揽全局、协调各方的核心作用。

实行依法治国，必须提高党的领导水平和执政水平，改进党的领导方式和执政方式。党的领导主要是政治、思想和组织领导，通过制定大政方针，提出立法建议，推荐重要干部，进行思想宣传，发挥党组织和党员的作用，坚持依法执政，实施党对国家和社会的领导。现在，我们党的中心任务、所处环境和队伍结构已经发生许多重大变化。这些重大的变化，客观上要求必须加强和改善党的领导，把党对国家的领导同依法治国有机统一起来，保证党始终发挥总揽全局、协调各方的领导核心作用。同时，党的各级组织和广大党员要带头遵守并维护宪法和法律，在宪法和法律范围内活动，严格依法办事。

依法治国的核心是依宪治国。一般认为，依法治国所依之“法”包括宪法、法律、行政法规、地方性法规等，因此，依法治国所依之“法”包括而且首先是指宪法，“依宪治国”是“依法治国”的题中应有之义。但在提出“依法治国”时，为什么还要特别强调“依宪治国”呢？这是因为，法治有形式意义的法治和实质意义的法治的区分。法治在形式意义上，是指依法律制约国家权力，强调“法律之治”；在实质意义上，则是指依宪法制约国家权力，强调“宪法之治”。[①] 与以往的依法治国（行政法国家）的形式主义法治国家理念相比，这种依宪治国（宪法国家）的实质主义法治国家理念，不仅要求依法行政，还强调依宪行政，并将监督制约对象从行政权扩及立法权和其他公权力，切实有效保障公共利益、公民基本权利和社会秩序，从而丰富了“法治国家”的内涵，奠定了依宪治

① 牟宪魁：《依法治国与依宪治国的关系》，《环球法律评论》2013年第5期。

国的理论基础。

宪法确立了党的执政地位，使党的领导有了宪法和法律的支撑与保障；宪法能把党的意志转化为人民的根本意志，实现党的意志和人民意志的根本统一；宪法明确了党的民主与人民民主发展秩序，避免民主政治陷于民粹和僵滞；宪法能划清党的执政行为与国家权力行为的边界，确保宪法和法律的严肃性和权威性。加快建设法治中国，需要牢固确立依宪治国这一根本方略。新形势下，党要切实肩负起现行宪法确认的领导全国各族人民建设富强民主文明和谐的社会主义现代化国家的历史责任。党要坚定维护宪法权威，善于用宪法来凝聚共识、增进团结，根据现行宪法确立的国家制度和社会制度的基本框架，开展各项改革和建设。

坚持依宪治国，就是我们党领导人民制定宪法和法律，把党的主张和人民意志通过法定程序上升为国家意志，充分体现党的领导、人民当家作主、依法治国有机统一；就是坚持宪法确立的社会主义民主政治制度，保证人民依照法律规定，通过各种途径和形式，管理国家事务，管理经济和文化事业，管理社会事务，实现社会主义民主制度化、法律化；就是全国各族人民、一切国家机关和武装力量、各政党和各社会团体、各企业事业组织，都必须以宪法为根本活动准则，并负有维护宪法尊严、保证宪法实施的职责，一切违反宪法的行为都必须予以追究和纠正。

二、依法执政是依法治国的关键因素

习近平同志在中央党校省部级主要领导干部学习贯彻十八届三中全会精神全面深化改革专题研讨班开班式上强调指出，必须适应国家现代化总进程，提高党科学执政、民主执政、依法执政水平，

提高国家机构履职能力，提高人民群众依法管理国家事务、经济社会文化事务、自身事务的能力，实现党、国家、社会各项事务治理制度化、规范化、程序化，不断提高运用中国特色社会主义制度有效治理国家的能力。依法执政与科学执政、民主执政之间是辩证统一的：科学执政是基本前提，民主执政是本质所在，依法执政是基本途径。三者相互联系、有机结合，构成了中国共产党执政方式的基本理论框架。科学执政与民主执政必须通过依法执政的途径来实现。

十八届四中全会通过的《中共中央关于全面推进依法治国若干重大问题的决定》指出，要“将形成配套完备的党内法规制度体系纳入中国特色社会主义法治体系”。《决定》也特别强调，依法执政，既要求党依据宪法法律治国理政，也要求党依据党内法规管党治党。要在依宪治国方略指导下，加强党内法规制度建设，修订和完善党内法规和规范性文件，确保党的各项规章制度的精神、原则和规则都符合依宪执政的要求，建立党内规范性文件合宪合法性审查与国家法律、法规、规章和规范性文件合宪合法性审查的衔接联动机制。

宪法是社会主义民主政治的保障。宪法以国家根本大法的形式，确认了人民当家作主的地位。“依法治国”必须与党的领导和人民当家作主相结合，这是由中国的权力维度和秩序所决定的。在国家的维度中，人民是依法治国的主体，体现其根本意志的宪法即为法治的最高依据，依法治国必然要求依宪治国；在党的维度中，法治要求执政党的领导和执政行为符合宪法和法律，依法执政必然要求依宪执政。依宪治国及其统摄的依宪执政，共同构筑了中国法治的灵魂。

依法执政就是中国共产党及其代表依据宪法和法律的规定，进入国家的各级政权机关执掌和行使国家权力，履行领导和支持人民

当家作主，最广泛地动员和组织人民群众依法管理国家和社会事务，管理经济和文化事业，维护和实现人民群众根本利益的职责。

首先，依法执政意味着执政党要领导立法。要完善立法规划，突出立法重点，坚持立改废并举，提高立法科学化、民主化水平，提高法律的针对性、及时性、系统性。要完善立法工作机制和程序，扩大公众有序参与，充分听取各方面意见，使法律准确反映经济社会发展要求，更好协调利益关系，发挥立法的引领和推动作用。

其二，依法执政意味着执政党要监督执法。要加强对执法活动的监督，坚决排除对执法活动的非法干预，坚决防止和克服地方保护主义和部门保护主义，坚决惩治腐败现象，做到有权必有责、用权受监督、违法必追究。

其三，依法执政意味着执政党要保证公正司法。要努力让人民群众在每一个司法案件中都感受到公平正义。

其四，依法执政意味着各级党委要带头守法。各级党组织必须坚持在宪法和法律范围内活动，各级领导干部要带头依法办事，带头遵守法律。各级组织部门要把能不能依法办事、遵守法律作为考察识别干部的重要条件。

依法执政，关键是依宪执政。新形势下，我们党要履行好执政兴国的重大职责，必须依据党章从严治党、依据宪法治国理政。党领导人民制定宪法和法律，党领导人民执行宪法和法律，党自身必须在宪法和法律范围内活动，真正做到党领导立法、保证执法、带头守法。实现由依法执政到依宪执政的升华，宪法是执政的目标、方向和根本保障，宪法是执政正当性、稳定性和持续性的基础。执政的根本依据是宪法，这一点已经成为执政党和全社会的共识。今后宪法发展要从落实依宪执政着手，理顺宪法与执政党活动的关系，

认真落实“党在宪法和法律范围内活动”原则。能否完整的体现宪法在执政活动中的支配地位，能否使“依宪执政”成为自觉行动，将决定着社会价值观的统一和执政基础的稳定。

长期以来，中国共产党主要依据党的方针、政策执政，这有其历史的必然性，而在实行依法治国和建设法治中国的今天，应更加注重发挥宪法在国家治理和社会管理中的作用。坚持依宪执政，要求深化对什么是宪法这个最基本问题的认识。在现代国家治理体系中，我国宪法是“三位一体”的：对个体而言，宪法是公民权利保障书；对国家而言，宪法是保证国家兴旺发达、长治久安的根本法；对执政党而言，宪法是中国共产党治国理政的总章程。修改、完善宪法，应以保证人民当家作主为根本，以增强党和国家活力、调动人民积极性、推进国家治理体系和治理能力现代化为总目标，以完善国家基本制度、保障公民基本权利、规范国家机构的权力结构和运行为重点，健全宪法监督和保障制度。只有这样，“依法执政关键是依宪执政”才富有生命力。

依法执政关键是依宪执政，这是由宪法在我国法律体系和国家治理体系中的地位、作用所决定的。宪法肯定了中国共产党的历史作用和中国共产党领导的多党合作和政治协商制度将长期存在和发展，宪法确立了中国共产党作为中国工人阶级先锋队在国家中的地位，而工人阶级领导的国家实质上就是通过其先锋队中国共产党领导的国家，从而为中国共产党的执政提供最高的根本规范，坚持依宪执政，才能抓住执政的根本；宪法确立人民是国家一切权力的归属者，充分反映了我国各族人民的共同意志和根本利益，坚持依宪执政，才能践行中国共产党立党为公、执政为民的执政理念；宪法是各政党、各社会团体的根本活动准则，坚持依宪执政，才能保证

执政行为不超越宪法，并获得根本法的保障；宪法，也主要是宪法，规范了执政党、国家和人民的关系，将党的领导、人民当家作主、依法治国有机统一起来，坚持依宪执政，使依法治国、依法执政、依法行政共同推进，法治国家、法治政府、法治社会一体建设，有利于从根本上推进法治中国建设和国家治理体系的现代化。

依宪执政是党的领导的本质特征和基本判准。坚持依宪执政并不是否定党的领导，放弃党的领导，而是要加强党的领导，完善党的领导。宪法是党和人民意志的体现，因而依宪执政是党的领导的本质所在。坚持依宪执政也就坚持了党的领导，坚持党的领导必然要求坚持依宪执政。必须注意的是，党的领导不是党员干部的个人领导，服从党的领导不是服从党组织一把手的领导。任何凌驾于宪法、法律之上的领导个人意志和行为都是对党的领导的最大违背和最大破坏。党的意志集中体现于宪法之内，违背了宪法、法律就必定背弃了党的领导，必须将是否坚持依宪执政作为判断是否坚持党的领导的基本标准。

依宪执政是党的领导、人民当家作主、依法治国的有机统一。宪法体现全体人民的共同意志，也是党的意志的高度凝结。中国共产党没有自己的利益，人民的利益就是党的利益，人民的意志就是党的意志。党的事业就是实现人民利益最大化，实现人民民主富强意愿。党的领导权的实现，就是通过各级党组织贯彻党的意志的过程。宪法是党的意志的集中反映，宪法就是党的领导的最根本保障，坚持依宪执政才是原汁原味的坚持党的领导。人民当家作主是社会主义民主的本质所在，宪法是人民群众经由民主的方式凝聚而成的共同意志，宪法实施的过程就是人民当家作主的实现过程。“法律是治国之重器，良法是善治之前提。”依法治国的前提是形成符合宪法

精神、反映人民意志、得到人民拥护的法律体系。依法治国离不开党的领导，最终目的在于实现人民当家作主。因此，依宪执政是党的领导、人民当家作主、依法治国三者的有机统一。

坚持依宪执政，必须完善党的领导体制。党的领导是中国特色社会主义最本质的特征。现行宪法确认了党的领导地位，党依照宪法和有关法律程序取得执政地位。党的领导地位和执政地位都不是与生俱来的，也不是一劳永逸的。党要长期执政，归根到底取决于长期确保领导地位。在实现“两个一百年”奋斗目标的征程中，保证党的领导地位，不仅要以科学的路线方针政策始终引领人民，还必须改善党的领导体制、提高党的领导水平，规范领导权的行使，这是推进国家治理体系和治理能力现代化的首要任务。要认真研究党的领导权与执政权的不同性质和范围，明确规定党的领导权的具体内容和边界，使领导权与执政权分工协调。明确规定党的领导权的行使方式和程序，强调党的领导权必须通过党组织而不是国家机构来行使，必须通过党员先锋模范作用的带动性而不是国家权力的强制性来落实，不以行使执政权来代替行使领导权，也不以行使领导权来代替行使执政权。

作为执政党，我们党要进一步调整革命党的惯有思维，按照依法治国的要求，改革和完善共产党的领导方式和执政方式。政治体制改革的实质和根本点，就是改革党的领导方式制度和执政方式制度。过去在阶级斗争为纲和不断强化指令性计划过程中形成和发展起来的“党的一元化领导”的传统领导方式和执政方式，即以党组织执政（党政不分）、以党的政策执政、以党的领导人直接执政的方式，要得到较大改变。党的领导将主要是通过制定大政方针，提出立法建议，推荐重要干部等途径，依法实施党对国家和社会的政治领导和组织领导。各级党组织的执政重心，要转移到领导和支持人大、政府、政协和人民团体的领导职能，发挥国家权力机关、行政机关、司法机关以及人民团体机关有活力有担当的领导作用，加强制度建设，而且要保证党的政策的合法性。应当制定“执政党与国家权力机关的关系法”一类法律，来完善执政党在宪法规定的范围内活动、依法执政的法律依据。

三、依法行政是依法治国的具体体现

依法行政是国家治理现代化的基本要求，也是依法治国的重要体现。推进依法行政，建设法治政府，是我们党治国理政从理念到方式的革命性变化，是我国政治体制改革迈出的重要一步，具有划时代的重要意义。

依法行政是依法治国基本方略的重要内容，是指行政机关必须根据法律法规的规定设立，并依法取得和行使其行政权力，对其行政行为的后果承担相应的责任的原则。依法行政也是市场经济体制条件下对政府活动的要求，是政治、经济及法治建设本身发展到一定阶段的必然要求。

依法执政，就是党要紧紧抓住制度建设这个带有根本性、全局性、稳定性、长期性的重要环节，坚持依法治国，领导立法，带头守法，保证执法，不断推进国家经济、政治、文化、社会生活的法制化、规范化，从制度上、法律上保证党的路线方针政策的贯彻实施，使这种制度和法律不因领导人的改变而改变，不因领导人的看法和注意力的改变而改变。这是中国共产党在新的历史条件下领导方式和执政方式的重大转变，是实行依法治国基本方略、发展社会主义民主政治、建设社会主义政治文明的必然要求。

行政执法的关键是依法行政，这也是依法治国的核心所在。依法行政要求行政机关必须依法行使职权，所依据的法律是包括宪法在内的大量的行政法，而行政法的重心是用来控制和规范行政权，保护行政相对人的合法权益。宪法作为国家根本大法，也是行政法的根本表现形式。宪法中关于行政权力的取得、行使及其监督等根本性问题的规定，奠定了行政法的基础。宪法中关于国家行政权力的来源和行使权力的基本原则，行政机关在国家机构中的法律地位和行政体制，行政机关的设立、权限和职责，公民基本权利及其保障，都是依法行政的最重要、最根本的制度规定。

依法行政，是指国家机关及其工作人员依据宪法和法律赋予的职责权限，在法律规定的职权范围内，对国家的政治、经济、文化、教育、科技等各项社会事务，依法进行管理的活动。依法行政的本质是有效制约和合理运用行政权力，它要求一切国家行政机关和工作人员都必须严格按照法律的规定，在法定职权范围内，充分行使管理国家和社会事务的行政职能，做到既不失职，又不越权，更不能非法侵犯公民的合法权益。

对于依法行政来说，法治的特别意义就在于：行政主体能够完全按照宪法、法律的规定严格行使公权、履行公职，严格保障行政客体的合法权益；公民、法人和其他组织不会遭受行政性权益侵害，还能依法以主人翁的精神与身份参与治国理政；政府与公民、行政主体与行政相对人都能在法治格局中明确自身的法律定位、法律支持和法律约束，并且形成非常有序、良好的依法互动，确保国家在法治的轨道上平稳、文明、快速地发展、前进。而这正是国家发展所需要的、广大民众热盼实现的高度政治文明，也正是法治政府建设、依法行政实践的理想高地。

从现实情况来看，有法不依的情况仍然比较严重。随着中国特色社会主义法律体系的形成，有法可依的问题基本解决，有法不依的“短板”效应愈发明显。有的同志不善于运用法治思维和法治方式管理经济社会事务，习惯于运用行政手段和经济手段，与法律手段割裂开来，把法律制度视为障碍、绊脚石，甚至撇开法律另搞一套，形成法律规定与权力行使“两张皮”。特别是少数领导干部人治思维和官本位思想根深蒂固，习惯于拍脑袋发号施令，甚至侵犯公民、法人和社会组织的合法权益，损害党的威信和法律权威，人民群众对此反映强烈。

加强依法行政，还要使公权力与私权利适当分离。其根本目的是在于国家、社会、公众应尊重个人的自由合法权利，不能加以干涉或限制。依法行政，规范了政府对私人事务施加强制或干预，不仅维护了个人的自由，保护了国家和社会的整体利益，从这个角度讲，政府存在的目的就是保护个人的人身、财产的安全。只有坚持依法行政，真正做到坚持系统治理、依法治理、综合治理、源头治理，深化基层组织和部门、行业依法治理，支持各类社会主体自我约束、自我管理，发挥市民公约、乡规民约、行业规章、团体章程等社会规范在社会治理中的积极作用。

政府依法行政是法治的重要环节，对维护法的权威和尊严意义重大。我国的法律约有百分之八十是需要行政机关执行和贯彻实施的。相对于立法和司法来说，行政具有自身的特点：它内容丰富，涉及的领域广阔，工作具有连续性，是国家与公民打交道最多的领域。行政机关实行首长负责制，行政权还具有主动性。为了适应迅速多变的客观现实，行政权的行使还具有快速性和灵活性的特点，法律的自由裁量权相对较大。因此，行政权必须受法律的规范和约

束。依法行政应是我国行政机关的一项最根本的活动准则。现在行政立法实践已取得长足进步。今后，行政立法任务仍然很重，特别是行政程序方面的法规、规章的制定应优先考虑。但是，今后最根本的还是要采取各种综合性措施，包括加强内部和外部的监督机制，来保证行政机关能依法行政。实践证明，各级人大加强对依法行政的监督包括开展执法检查、实行执法责任制和错案追究制等，成效十分显著。这方面的工作有必要进一步规范化、程序化、制度化。

坚持依法行政，要求一切政府机关都必须依法行政，确实保障公民权利，实行执法责任制和评议考核制。依法行政其实质是实现法治行政。法治行政原理的核心就是法对行政的有效支配。必须彻底解决在行政管理活动中规避法律监控的不良现象，增加法律对行政的监控力度。坚决贯彻《行政复议法》，将抽象的行政行为纳入行政复议的范围。对行政机关抽象行为合法性的要求，并不仅仅意味着对行政机关立法行为合法性的要求，而是要求下级行政机关的各项执法活动都必须接受上级行政机关的有效监督。规章作为重要的行政法法律渊源固然应该作为行政复议的对象，规章之外的由行政机关作出的抽象的行政行为都必须纳入行政复议的范围，这样才能有效地防止规章制定机关少制定规章、多采取其他抽象行为规避行政复议的不良现象的产生。

坚持依法治国，最为关键的是坚持依法行政。不同于西方，由于历史传统和体制方面的原因，中国的政府在经济社会发展中几乎担负着“全能”的职责，与人们日常生活的方方面面紧密相关。依法行政，推动行政管理体制改革，是政治体制改革的重要组成部分，是深化改革的关键，也是人民群众的迫切呼声。

首先，科学民主立法和决策。政府立法工作要符合法定的权限

和程序，维护法制统一，确保政令畅通。坚持民主决策、科学决策、依法决策，健全决策程序，强化决策责任。

其二，严格依法办事。政府能做什么，不能做什么，要由法律来确定。政府只能行使法律赋予的权力，所有行政行为都要于法有据、程序正当。各项法律法规一旦公布实施，就必须得到有效贯彻执行，做到令行禁止，提高制度的执行力和公信力。

其三，进一步规范行政执法。行政执法是依法行政的重要内容。行政执法是依法行政的一个关键环节，是实现国家行政职能的重要活动，是建设社会主义法治国家系统工程的重要组成部分。依法行政最为有效的检验指标就是行政执法的质量。按照规范执法、公正执法、文明执法的要求，进一步加强和改善行政执法。规范执法主体，界定执法权限，减少执法层级，整合执法资源，推进综合执法。要进一步完善行政执法程序，规范工作流程，依法细化、量化自由裁量权。改进执法方式，不得粗暴对待当事人，不得侵害执法对象的人身权利和人格尊严。进一步完善执法经费保障机制，行政执法经费由财政保障，不与罚没收入挂钩。严格执行执法人员资格制度，狠抓执法纪律和职业道德教育，全面提高执法人员素质。严格落实执法责任制，对违法者要严肃追究责任。

其四，全面推进政务公开。公开透明、让权力在阳光下运行，是现代政府的重要特征。规范权力运行、提供高效便民服务、有效防治腐败，政务公开都是十分有效的措施。一要加大政府信息公开力度，深入推进办事公开；二要创新政务公开方式，进一步加强电子政务建设，提高服务效率，降低行政成本。

其五，健全行政监督体系和问责制度。规范权力运行，要靠法制和监督。人民满意不满意，是评价政府一切行为的最高标准。完

善群众举报投诉制度，拓宽群众监督渠道，依法保障人民群众监督政府的权利。支持新闻媒体对违法或者不当行政行为进行曝光。对人民群众检举、新闻媒体反映的问题，行政机关要认真调查、核实，及时依法作出处理，并将结果向社会公布。加强行政复议，依法纠正违法或不当的行政行为；正确对待和认真做好行政应诉，接受司法监督。进一步加强审计、监察工作。审计、监察等部门依法独立行使专门监督。严格行政问责，督促和约束政府机关和工作人员依法行使职权、履行职责。

第三节　坚持法治国家、法治政府、法治社会一体建设

党的十八大以来，以习近平同志为总书记的中共中央明确提出了建设法治中国的宏伟目标，要求坚持依法治国、依法执政、依法行政共同推进，法治国家、法治政府、法治社会一体建设。

国家、政府、社会是研究法学和社会学的三个核心词。自国家产生以来，这三个关键词都存在彼此之间的关系和如何建设的问题。在全面推进依法治国、加快建设社会主义法治国家这一基本方略的指引下，法治国家、法治政府、法治社会应该是一个统一体，而不是像某些国家，将国家与社会的概念对立起来，或者把国家与政府，又或者政府与社会的概念对立起来，形成一种分裂的关系。在我国，这三者是统一的整体。

法治国家主要是指整个国家机器和国家权力都要在法治的轨道上运行。法治政府是法治国家的主体，与人民群众打交道最多的是政

府。法治社会是基础，如果法治社会建不成，就不可能建成法治国家和法治政府。法治国家是统领，法治政府、法治社会是“两翼”。

法治国家、法治政府、法治社会构成了“法治中国”建设的整体。“法治国家”的核心，是国家政治结构和治理方式的法治化、制度化；“法治政府”的核心，是强调政府权力的合法性来源，强调政府权力必须受制于规范严密的监督体系；“法治社会”的核心，是强调社会依法自治，并通过一系列方式构建公众参与公共治理和监督的体系。在三者关系上，法治政府建设是法治国家的关键，它是法治国家建设的重心。合法行政，合理行政，程序正当，高效便民，诚实守信，权责统一是法治政府建设的核心要求。法治社会则是法治国家的基础、支撑和条件，没有公民和社会团体广泛参与形成的法治社会，法治政府和法治国家建设都不可能。而法治国家、法治政府、法治社会的建设的核心任务，是置宪法于崇高地位，建立公众对于法律的信仰，维护公民权利，以宪法和法律作为国家治理和公民行为的准则。

在社会主义制度下，法治国家、法治政府、法治社会在很多地方是有交叉和重合的。三个关键词的前缀都是“法治”，也充分说明了存在很多共同之处。在法治国家、法治政府和法治社会的建设中，究竟哪一个是重点、是基础、是关键，法学界一直有不同看法。有的认为法治国家建设比较重要，也有的认为是法治政府，还有的认为是法治社会。“法治国家、法治政府、法治社会一体建设”，从全面推进依法治国的战略布局角度提出了新的要求。“法治国家、法治政府、法治社会一体建设”，说明三者都是非常重要的，不存在主次关系，应该协调推进。“合法行政，合理行政，程序正当，高效便民，诚实守信，权责统一”是依法行政的基本要求，也是法治政府

建设的基本目标，法治政府是法治国家建设的一部分，是互为补充的，两者是紧密联系，缺一不可的。同时，法治政府的建设若没有法治社会作为依托和支撑，法治政府也只能是空中楼阁。

一、建设法治国家是建设法治政府的前提

党的十八届四中全会《决定》提出："全面推进依法治国的总目标就是建设中国特色社会主义法治体系，建设社会主义法治国家。"全会明确了全面推进依法治国的重大任务，这就是：完善以宪法为核心的中国特色社会主义法律体系，加强宪法实施；深入推进依法行政，加快建设法治政府；保证公正司法，提高司法公信力；增强全民法治观念，推进法治社会建设；加强法治工作队伍建设；加强和改进党对全面推进依法治国的领导。

建设法治国家是建设法治政府的前提，建设法治政府是建设法治国家的关键。要保证政府行政有法可依，国家就必须有健全的立法机关，有保障立法机关正常运作，及时向政府提供所需法律的立法制度，而健全的立法机关和完善的法律制度乃是法治国家的必须的要件。没有法治国家对科学立法、民主立法，政府依法行政是不可能有保障的。

法治国家应该有一系列的原则和标准，具体包括：法治国家应该是人民当家作主或者主权在民的国家；法治国家是坚持宪法法律至上的国家；法治国家是尊重和保障人权的国家；法治国家要坚持依法执政的原则，要坚持民主立法、科学立法和高质量的立法，要坚持依法行政。

此外，法治国家的原则和标准还包括：审判机关、检察机关依法独立公正行使审判权、检察权和监督制约公权力。人民当家作主，

意味着在法治国家里，公权力是人民赋予的，因此，公权力需要为人民服务，也要通过法律和制度的方式，接受人民的监督；全体公民和社会要遵守法律依法办事。

上述原则包含了法治国家应有的内容。我们建设的法治国家又叫法治中国，或者社会主义法治国家。尽管名称变化但其核心还是上述原则，这些原则是根据中国特色社会主义和依法治国的国情、历史传统提出来的。

法治国家建设是法治政府建设和法治社会建设的一个大前提、大环境，重点要解决的是国家的基本制度以及宪法和法律的顶层设计，还有法治方面相关的方针政策的制定和执行问题。总而言之，法治国家是三者中更大的概念。

依法治国是一种治国思想体系、原则体系和制度体系的总成，包含丰富的内容。其中，宪法占据着至关重要的位置。宪法是法治的标志，没有宪法之治，就没有法治。宪法以对国家权力的构造和限制为核心内容，以保障并增进公民权利为终极追求。依宪治国首先能够制约权力专横，防止权力腐败。作为民主制度产物的宪法通过人民代表大会制度、公民基本权利体系、法律监督制度等的运行得以活化，保证权力来源于人民、服务于人民、受制于人民，保证政府的廉洁高效，恪守其权力边界，保证司法机关依法行使职权，有效防范公权侵蚀私权。依宪治国还能给予人民美好生活的预期。实现民族复兴是国家发展的总体目标，而人民对生活有保障、权利有增进、发展有机会的期许则是国家梦想的基本构成单元。宪法作为人民最根本的行为准则，只有被尊重和恪守，才能引领人民对自我行为的规划，消除因规则林立而导致的选择困难；才能通过权利

行使自主、权力行使法定，消减权力恣意给人民的不期干预；才能汇集人民对国家和民族的忠诚和信心，凝聚民心民意助力国家崛起。

党的各级组织和各级领导人以及广大党员模范地遵守法律，严格依法办事，对维护法律的权威与尊严具有非常重要的作用。这是由我们党处于执政党的地位所决定的，也同我们党内不少同志过去不大重视依法办事的传统和习惯有关。“党要在宪法和法律范围内活动”这一根本原则，已经写进党章，其精神在现行宪法中也有明确规定。为了实现这一原则，需要在党的领导方式上作一些具体制度上的改革，进一步解决“以党代政”和“以党代法”的问题。例如，某些方面需要也可以由政府去办的事情，党的办事机构不宜越俎代庖。党根据新的形势和需要制定出新的政策后，要及时修改已过时的法律规定，避免新的政策同原有过时法律规定长期脱节。在制定法律过程中，应充分发扬民主，允许人大代表、党外人士和广大人民群众对党的政策提出某些补充和修改意见，使党的政策更加丰富和完善等。在这里，提高全党同志的认识是前提。邓小平同志在《党与抗日民主政权》一文中曾尖锐指出，我们绝不能像国民党那样搞“以党治国”，因为那“是麻痹党、腐化党、破坏党、使党脱离群众的最有效的办法”。为此，他提出了三个基本观点，在今天仍有重大的现实指导意义。一是党的“真正的优势要表现在群众拥护上”，“把优势建筑在权力上是靠不住的”。要保持党在政治上的优势，关键要靠我们自己路线和政策的正确，从而得到人民的衷心拥护。二是不应把党的领导解释为“党权高于一切”，甚至“党员高于一切”；要避免“不细心地去研究政策，忙于事务上的干涉政权，放松了政治领导。”三是办事不能“尚简单避复杂”，不能“以为一切问题只要党员占多数，一举手万事皆迎刃而解”。①

二、建设法治政府是依法治国的必然要求

所谓法治政府，是指政府的一切活动受法律支配。换言之，政府要依法产生，政府机构要依法设置，政府权力要依法确定，政府活动要依法展开，政府责任要依法承担。

法治政府，相对于法治国家的概念有所区别。法治政府，相对而言是一个更为具体的概念。政府有广义和狭义之分。从广义的角度来讲，政府包括了立法机关、行政机关和司法机关（在我国包括审判机关和检察机关），从广义的角度来讲，法治政府的核心要求包括：

权力的获得要有宪法和法律的依据。在我国，国家的权力来自于人民，那么人民通过什么方式赋予权力？最重要的就是通过宪法和法律的授权。因此，从政府角度来看，其权力来源应有宪法和法律的依据。

要依法实施政府行为，包括实体和程序法。按照法治国家和法治社会的原则来要求，对于公民来讲，凡是法律没有禁止的都是允许的（但允许的不一定是合法的）；对于政府而言，凡是法律没有允许的都是禁止的，这就是法治政府的行为边界。

此外，要把法治政府与廉洁政府、服务政府、高效政府联系起来。法治政府并不是一个抽象的概念，也有与时俱进的时代要求。在今天，就是应该通过法律的设计，让政府廉洁高效地为人民服务。

任何违反宪法和法律的政府行为都要承担相应的法律责任和法

① 《邓小平文选》第1卷，人民出版社，1994年版，第10—12页。

律后果。也就是通常所说的，有权必有责，权越大责越大。法律责任和法律后果有时候是由一个机构整体来承担的，有时候是由主要责任人来承担的。

就法治政府来说，早在2004年国务院便出台了《全面推进依法行政实施纲要》，提出“全面推进依法行政，经过十年左右坚持不懈的努力，基本实现建设法治政府的目标”。对法治政府的建设作出了非常系统与具体的阐述。

理解法治政府首先应该从广义的角度理解，立法机关、行政机关和司法机关都属于法治政府建设的范畴，都要遵循一些共同的规则。就狭义的政府而言（单指行政机关），2010年颁布的《国务院关于加强法治政府建设的意见》中提了很多具体的要求。

建设法治政府是全面推进依法治国的必然要求，也是依法治国战略的重要组成部分。现代法治的核心是规范公权、保障私权，这是因为，行政权力天然地具有自我膨胀和扩张的趋势，如果不依法对其进行规范，极易导致公权力对私权利的侵害。一个成熟的法治社会，不仅要约束老百姓，更要约束官吏，并有效制衡公权力，在私主体受到公权力的侵害之后，法律应当对其提供充分的救济。总之，只有建立法治政府，才能真正将权力关进制度的笼子中，也才能切实保障公民的合法权益不受侵害。

对于法治国家来说，法治政府建设、推进依法行政是中心环节。法治政府建设成功与否是衡量法治国家建设成功与否的最重要指标。法治国家建设目标在很大程度上要落实到法治政府建设目标、任务的实现上。

政府权力来源应有法律依据。当前以转变政府职能为核心的行政体制改革向纵深推进——简政放权先行，制度建设跟进。我国将

推行“权力清单”制度，“法无授权不可为”；明确“负面清单”，“法无禁止皆可为”；出台“责任清单”，“法定职责必须为”。这将进一步厘清政府和市场的边界，让政府当好市场秩序的“裁判员”和改革创新的“守护神”。

“有权必有责、用权受监督”，是对法治政府的基本要求。法治国家建设的重要内容即在于完善这种外部监督机制，如人大的预决算审查制度、质询制度和法院的行政诉讼等制度。

加大问责力度，是建设法治政府需要补齐的“短板”。领导干部法律意识和法治观念不强，法律实施激励机制不健全，对违法行政问责不足是法治政府建设的主要问题。专家建议，探索建立法治评价体系和考核标准，对违法行政实施严厉问责，把“会不会依法办事、能不能依法办事”作为考察识别干部的重要依据，在干部选拔任用中确立明确的法治导向。

建设法治政府应该限权。将行政权用法律的规则牢牢地束缚住，也就是通常所说的“将权力关在笼子里”。逐步减少直至最终完全消除行政权力对司法权、立法权的干扰与打压，使行政、立法、司法不缺位、不越位、不错位。

实行科学民主决策，是建设法治政府的基础。法治政府要健全依法决策机制，过去我们决策常常出现“三拍”的情况，也就是决策拍脑袋、决定拍胸脯、最后出了问题拍拍屁股走人。可是没有问责，也没有追究。法治政府要依法决策，还提出依法决策要有一套程序，包括公民参与、专家论证，还要建立重大决策终身责任追究制度及责任倒查机制。

法治政府建设是促进国家治理现代化的重要途径。建设法治政府，是现代化的国家治理体系的重要组成部分。建设现代化的国家

治理体系，一方面要求依照宪法和法律对国家权力进行合理配置，政府职能只能通过宪法、法律来确定，“无法律则无行政”。这要求我们必须通过制度手段，对政府部门的职能分工进行明确安排，建立完善的关于行政职权配置、行政活动过程、行政责任承担的具体法律制度，通过法治手段和法治思维来实现规范行政权行使、防止行政权扩张、转变政府职能的目标，使公权力的运行公开化、透明化，便于社会公众依法进行监督。另一方面则要求所有政府职能部门必须依法行政，即依据宪法和法律赋予的职权来行使权力。所以说法治政府的核心就是依法治权、依法治官。官员依法行使国家权力，当受制度保障；官员违法滥权弄权，应受法律追究。还应再强调一点：行政权本身要权责一致，在行政权的内部分配上，也要权责一致，诸如“权小的责大，权大的反而责小”，这样的权责倒置一定要破除。

推进依法行政，建设法治政府，应当着力抓好六项工作：一是提高公务员特别是领导干部依法行政意识和能力。二是完善科学民主依法决策程序，建立重大决策跟踪反馈和评估制度。三是完善政府立法工作机制；健全规范性文件制定和发布程序；建立规章和规范性文件评估和清理制度；强化法规规章和规范性文件备案审查。四是保证严格、公正、文明执法。五是强化行政监督和问责。六是依法化解社会矛盾纠纷，建立健全社会矛盾纠纷调解裁决制度，完善行政复议制度，认真做好行政应诉工作。

三、建设法治社会是实现法治国家的基础

法治社会，通常是指法律在全社会得到普遍公认和遵从的一种社会状态。广义的法治社会，指立法机关科学立法，行政机关依法

行政，司法机关公正司法，执政党依法执政，公民和社会组织、团体在宪法和法律范围内活动。狭义的法治社会，更多强调的是公民、社会组织和社会团体等社会主体行为的法治化。法治社会一般具有以下基本特征：全社会对法治普遍信仰；宪法和法律得到有效实施和普遍遵从；社会依法规范运行；公平正义得到切实维护和实现；权利救济及时充分。

法治社会建设在全面推进依法治国中具有重要地位和作用。在法治中国建设“三位一体”工作格局中，法治社会是法治国家、法治政府建设的重要基础和基本前提，法治国家、法治政府是法治社会建设的重要保障。只有实现全社会对法治的普遍信仰，才能为全面推进依法治国提供坚实的思想基础。只有不断打造整个社会尊法、信法、守法、用法的法治环境，才能为全面推进依法治国提供广泛的社会基础。只有公平正义得到切实维护，公民权利得到有效保障，广大群众才会发自内心地崇尚和拥护法治，才能为全面推进依法治国打牢群众基础。

法治国家与法治社会的差异主要体现在如下方面。其一，法治建构的着力点不同。狭义上的国家是公共权力的法治化，强调国家权力（国家立法权、监督权、重大问题决定权、行政权、司法权等）由法确立、有法可依和依法运行，其主题是政治法治化。而法治社会则着眼于社会组织与社会成员生产与生活活动的规则有序，各类社会组织和国民都能够遵守法律，理性生活，正当行使权利和承担社会义务。其二，法治运行的治理理念不同。法治国家之治侧重于具有统一性的国家治理，法治社会之治则承认包括公权在内的多元治理力量和治理方式的有效性更加仰赖社会自治。其三，规则治理的对象侧重不同。在法治国家的意涵里，国家公权及其运行是法规

范的主要对象，法治建设着力于确保公权积极履职并防止滥用。在法治社会的维度内，法调整的重点则是社会组织和个体社会成员的行为及其互动。可见，法治国家与法治社会在治理的主题上具有明显差异。①

建设法治社会是现代社会的基本诉求，法治社会建设是对人情社会的反思重构。我国传统的伦理文化为中国几千年文明的延绵传承做出了重要贡献，但是也给我们法治发展带来了沉重负担。伦理社会的依附性，亲疏有别，重伦理秩序而缺失客观理性，导致了社会的独立性不强，奉献精神不足，人和人之间不平等、个人缺乏自律。在一定程度上，我国的法治状况不理想、法律实施不好，很重要的原因是我们每一个人都做不到公平公正，而我们又把所有的问题都归结于客观世界。

中国传统上是一个典型的人情社会。社会中错综复杂的人情关系网，包括亲情关系、友情关系、同乡关系、同学关系、同事关系、师生关系等绵密交错，并渗透到国家治理和社会运行各领域。千余年来浸润在人情世故，差序伦理中的中国社会，对法的不近人情、不分内外，有着本能的排斥。对于人情尤其是代际之间的血缘亲情关系的高度重视，深刻影响着社会运行的方方面面。当前，办事找关系、遇事托人情，已成为许多人的基本行动策略。“人情”、“关系”作为行为的核心指引或首要考虑因素，获得了重于法律的地位，人情社会依然是中国社会的显著特征。

法治社会就是要改变以人情为核心的人治社会，改变主要用权力命令、长官意志治理社会、管理国家和控制人；改变“人情”、

① 江必新、王红霞：《法治社会建设论纲》，《中国社会科学》2014年第1期。

"关系"、权力、门第、情感和意志等非制度因素对社会生活的全面支配；改变认"人"不认制度、重感情不顾规则的法治权威虚无状态。应当特别说明的是，这种变迁不是对社会伦理人情的否定与破坏，而是对传统中国社会反思后的重建。传统伦理具有重秩序、重自律等特质，为社会自治规则的提炼提供了重要的本土资源。人情社会曾对经济体制从计划经济向市场经济的转变发挥过重要作用，"人情"在一定意义上有利于社会的秩序和稳定。我们所要探寻的法治社会，是将情与理寓于广义的规则系统之中，形成有秩序的利益追求、个体发展和诉求表达机制。

推进法治社会建设，关键是要切实提升社会治理的法治化水平。依法治理是法治社会建设的有效途径。2013年2月23日，在主持中央政治局就全面推进依法治国进行第四次集体学习时，习近平指出，要坚持法制教育与法治实践相结合，广泛开展依法治理活动，提高社会管理法治化水平。党的十八届四中全会《决定》提出，要坚持系统治理、依法治理、综合治理、源头治理，提高社会治理法治化水平；强调深入开展多层次、多形式法治创建活动，深化基层组织和部门、行业依法治理，发挥人民团体和社会组织在法治社会建设中的积极作用。在法治社会中，应该把公民、其他社会组织、政党团体等包括进来。此外，在法治社会中，社会应该具有法治的秩序和法治的信仰，法治的氛围和法治的环境。所有人都在宪法和法律的规范体系保护之下，来进行自由地活动。法治社会应该做到和谐，有序，稳定。只有在规则的引导下才能更好地实现公民的权力，履行公民的义务，构建一个公平正义的法治社会。如果没有坚实的社会基础，有序的法治社会建设，法治政府和法治国家就无从谈起。法治社会是法治中国的构筑基石。当下，法治社会建设是一个薄弱

环节，应该摆在优先推进、优先建设的地位。

党的十八届四中全会《决定》要求，深入推进基层组织和部门、行业等多领域依法治理，支持各类社会主体自我约束、自我管理。与国家和政府相比，社会要相对自治。法治社会建设包括个体的独立自治，社会组织的自我治理，也包括国家对社会自治的促进和制度支持。在传统上我们仅重视国家法治，不注重社会法治。如行政处罚法、行政诉讼法都没有考虑社会自治的秩序保障。这种单纯以国家为中心的法治建设有很大局限性，需要培养其内生机制来促进社会法治的发展。法治社会是实现国家法治的基础。只有到法治社会建成之时，我们的法治中国才能真正实现。社会靠什么达到有序的自治？在现代国家中，法治是其最基本和最核心的规范体系。一个社会组织或者社会团体，其存在和行为要有足够的自治权，这是由法律法规来规定的：依法自治，依法活动并承担相应的法律后果。

推进多层次多领域依法治理是创新社会治理、推进国家治理体系和治理能力现代化的必然要求，也是全面推进依法治国、加快法治社会建设的必然要求。依法治理，就是要强化社会治理的法律之治，使社会建设走上法治化轨道。实现良好的社会治理，最重要的是要根据我国宪法法律确立的基本原则和基本制度，政府、基层群众自治组织、人民团体、社会组织和企业之间职责明确、合作共事，共同处理社会公共事务，实现公平与效率的统一、自由与秩序的统一。我们要积极推进多层次多领域依法治理，努力使依法办事成为执政党、国家机关、社会组织和全体公民的基本行为方式，使法治成为社会治理的一种常态。

社会治理的重心必须落实到城乡社区，社区服务和管理的能力强了，社会治理的基础也就实了。要深入贯彻村民委员会组织法、城市居民委员会组织法等基层群众自治法律法规，健全完善村（居）群众组织，推进村民委员会、居民委员会依照法律和章程自主管理村（居）事务，使广大基层群众在自我管理、自我服务中增强法治意识和权利义务观念，提高依法管理社会事务的意识和能力。要深入推进部门行业依法治理。各级政府部门担负着社会管理职能，许多部门还具有行政执法权；各行业同经济社会发展和人民生产生活密切相关。要大力推动各级政府部门和各行业普遍开展依法治理，实现依法治理对部门行业的全面覆盖，促进各级政府部门依法行政、严格执法，社会各行业依法办事、诚信尽责。要积极推动多层次的地方和区域依法治理，在省、市、县、乡各个层面上推进社会治理法治化，不断提高国家和社会治理法治化水平。

第四节　推动科学立法、严格执法、公正司法、全民守法

在改革开放初期，我国社会主义法治建设提出了十六字方针，即“有法可依、有法必依、执法必严、违法必究”。党的十八大报告又提出了新的要求，那就是“科学立法、严格执法、公正司法、全民守法”，法学界称之为新十六字方针。十八届四中全会《决定》再次强调十六字方针，即要实现“科学立法、严格执法、公正司法、全民守法”。现在的十六个字和当年的十六个字互相呼应，形成了严格的配套。

比较党的十一届三中全会提出的“有法可依，有法必依，执法必严，违法必究”“十六字”方针，新“十六字”方针有了三大发

展。一是，立法从解决“有无”问题，转变为解决“科学”问题。30多年前，中国面临的是“无法可依”问题，在中国特色社会主义法律体系已形成的今天，其主要问题已是“立法是否科学”。二是，将“司法”列入“法治元素”，将“公正”明确为司法的价值目标。三是，提出和强调了“全民守法”的要求，没有全民守法的基础，法治是空中楼阁。

“科学立法、严格执法、公正司法、全民守法”，是全面落实依法治国基本方略的新方针，是建设“法治中国”的基本要求，同时也是实现“法治中国”的基本标准。法治中国建设是一项综合性的系统工程，目标宏大，任务艰巨。法治建设要实现科学立法、严格执法、公正司法、全民守法，这是法治工作的基本格局。科学立法是建设法治中国的前提，严格执法是建设法治中国的关键，公正司法是建设法治中国的防线，全民守法是建设法治中国的基础。四者缺一不可。[①]

一、科学立法是法治中国的前提

建设现代法治国家需要制定“良法”和执行“良法”，而我国当前的法律因为立法理念、立法技术等影响，立法总体上还比较粗放，影响了宪法和法律的有效实施。马克思曾经指出：“法律是肯定的、明确的、普遍的规范，在这些规范中自由的存在具有普遍的、理论的、不取决于个别人的人性的性质。”[②] 我国立法并未达到上述要求，在法律的系统性、确定性、协调性等方面存在一些欠缺，导

① 《法治中国如何实现：科学立法严格执法公正司法》，《瞭望》2013年7月1日。

② 《马克思恩格斯全集》第1卷，人民出版社，1964年版，第71页。

致了宪法和部分法律还未完全实施到位。

首先，法律的协调性不够。立法法的相关规定没有落实到位，一些法律、地方性法规和部门规章的规定，与宪法的原则性规定相抵触，与其他相关法律不协调，而法律法规的备案、审查、撤销机制尚未完全建立，不仅对法律实施形成障碍，而且损害了宪法的权威性。

其二，法律的操作性不强。由于长期受“宜粗不宜细”等思想影响，我国许多法律过于原则、条文简单，甚至责任不清、难以操作，成为宣言性的规定。

其三，法律的滞后性突出。如果一个法律规范总是变化，那么公民、法人和其他组织将难以了解，从而在指引人们的行动上效率也是较低的。从这个意义上讲，法律应当具有稳定性。由于经济社会的快速发展，立法只有保持适当的超前性，才能保证宪法和法律得到有效实施。而当下有的法律虽经过多次修改，仍然遇到不好或不能实施的问题，甚至，有的法律刚刚制定或修改，马上面临不适应、不协调、不匹配的问题。这充分反映出立法的滞后性，导致法律落后于经济社会发展需要，在实施过程中处于进退两难的境地。

其四，法律的配套性不全。法律制定出台后，相关配套规定是否健全，也是影响宪法和法律有效实施的重要因素。比如，我国水污染防治法规定，重点水污染物排放总量控制制度和排污许可制度的具体办法和实施步骤由国务院规定。而这些配套性制度没有及时出台，缺乏贯彻执行的具体依据，对于违反法律规定的行为无法及时处罚，导致了法律条文的“虚置”。①

① 徐汉明：《法治的核心是宪法和法律的实施》，《中国法学》2013 年第 1 期。

科学立法，首先要求继续立法。虽然中国于2010年宣布中国特色社会主义法律体系已经形成，但是这并不意味着中国的立法任务已全部完成。但一些与群众切身利益关系密切事务缺少法律支撑，必须坚持科学立法、民主立法，坚持法制统一，进一步完善中国特色社会主义法律体系，使法律更好地体现人民群众的意志。有许多重点领域还需加强立法，个别领域尚有“立法真空”。当前，特别要重点加强在深化体制改革、食品安全和环境保护、实施知识产权战略以及网络监管等重点领域的立法。

科学立法要求所立之法必须符合“科学性”，追求“立法结果”的科学性，即所立之法必须符合正义性、规律性和可行性。同时，科学立法，要求我们追求“立法过程”的科学性。为了提高立法质量，我国立法法对立法程序作了严格规范，党中央、国务院多次强调立法的公众参与。为了科学立法，必须坚持民主立法，拓宽公众参与立法的渠道和途径，广泛听取各种利益群体的意见，建立起事先和事后的立法评估机制。要学会“立法先行”，只要有条件的，都要“先立法、再行为”，让人们对自己的行为结果可以预期，让各种社会主体在有序的轨道内各行其道，和谐相处。

科学立法要坚持法制的民主化。民主立法既是社会主义的本质要求，也是科学立法、提高立法质量的保证。“法制的民主化”是指法律以及相关的立法、司法、执法等方面的制度，都要体现民主精神和原则。立法要走群众路线，并提出重要法律草案应在报上公布，交全民讨论。司法和执法中的民主原则，也都需要通过不断提高思想认识和进行具体制度的改革逐步完善。例如在立法中，需要调动中央和地方两个积极性；法律起草小组要有各方面人员包括专家参加；法律在起草过程中要广泛和反复征求各方面人士、利害相对人

和群众的意见，举行必要的专家论证会、利害关系人的听证会；要让人大代表或常委会成员提前得到法律草案及各种资料以使他们有足够时间作审议法律草案的准备；审议法律草案时除小组会、联组会外，还要在全体会议上进行必要的和充分的辩论；修正案的提出和讨论、审议需要有具体的程序；省级（自治区除外）人大立法不能全由常委会通过而大会从不讨论制定地方性法规；规章的制定不能只是某一市长或副市长签字而不经领导集体讨论就公布生效，等等。所有这些都还有待进一步完善。

二、严格执法是法治中国的关键

习近平总书记指出，“要加强对执法活动的监督，坚决排除对执法活动的非法干预，坚决防止和克服地方保护主义和部门保护主义，坚决惩治腐败现象，做到有权必有责、用权受监督、违法必追究”。

严格执法是法治维护公平正义的重要环节。要坚持依法行政，建设法治政府，做到合法行政、合理行政、高效便民、权责统一、政务公开，特别是要对执法对象一视同仁，不畏强权所迫，不为利益所动，划清公私界限，不偏不倚，防止因权力滥用而加剧社会不公和群众不满。

实行依法治国，必须严格执法。我国层出不穷的重大突发性事件背后，都不同程度地存在着行政执法缺位、错位、越位等问题，与严格执法的要求相差甚远。严格执法是针对当前执法不严导致法律形同虚设等情况，所提出的新要求。执法不严，主要表现为行政机关及其工作人员不作为、弱作为。地方利益和地方保护主义，执法者的腐败，执法者的执法手段不足，执法者人身安全保障不力，都是导致执法不严的重要原因。

针对现状，重点要注意几个问题：第一，建立交叉执法制度。对于一些重要领域，如食品、药品、环境等问题严重的领域，可以实施异地交叉执法，由外地执法部门来本地执法，本地执法部门到外地执法，以防止地方保护主义。第二，为执法者提供有效的安全保障。要提高对执法者及其家属的有效保护，对于报复执法者及其家属的违法者要予以严惩，使其不敢想不敢为。第三，正确对待公民的权利。对于公民的权利，要做到尊重、保护、规范、限制并举。而有的地方还存在“两手软”：对于公民的权利尊重、保护不够，规范、限制也不够；或者“一收就死”、“一放就乱”。第四，要树立政府的权威。法治政府必须是个严格执法的政府，是有效执法的政府。应该看到，对社会秩序的维护不力，对各种违法行为的放任，都会导致社会成员安全感的丧失，导致对公民的合法权利乃至社会公众利益的侵害，同时执法者无视公民的合法权利违法执法、粗暴执法，与执法者自身人身安全保障不力，都不是法治状态。

三、公正司法是法治中国的防线

党的十八大报告要求：“进一步深化司法体制改革，坚持和完善中国特色社会主义司法制度，确保审判机关、检察机关依法独立公正行使审判权、检察权。”首次提出“确保”司法“依法独立公正”，体现了党中央的决心。习近平总书记多次强调，各级国家行政机关、审判机关、检察机关要坚持依法行政、公正司法，加快推进法治政府建设，不断提高司法公信力。他在中央政治局第四次集体学习时指出，努力让人民群众在每一个司法案件中都感受到公平正义。

司法公正是指司法权运作过程中各种因素达到的理想状态，是

现代社会政治民主、进步的重要标志，也是现代国家经济发展和社会稳定的重要保证。它是法律的自身要求，也是依法治国的基本要求，其基本内涵是要在司法活动的过程和结果中体现公平、平等、正当、正义的精神。维护司法公正，这是公平正义的最后一道防线。要坚决杜绝“同案不同判，同罪不同罚”，将量刑纳入法庭审判程序，使法官量刑从“估推”到“精确计算”，通过扩大公开的事项和内容，法庭审判网络直播，晒判决书等形式，让司法过程更加开放地公开在老百姓的视野中。

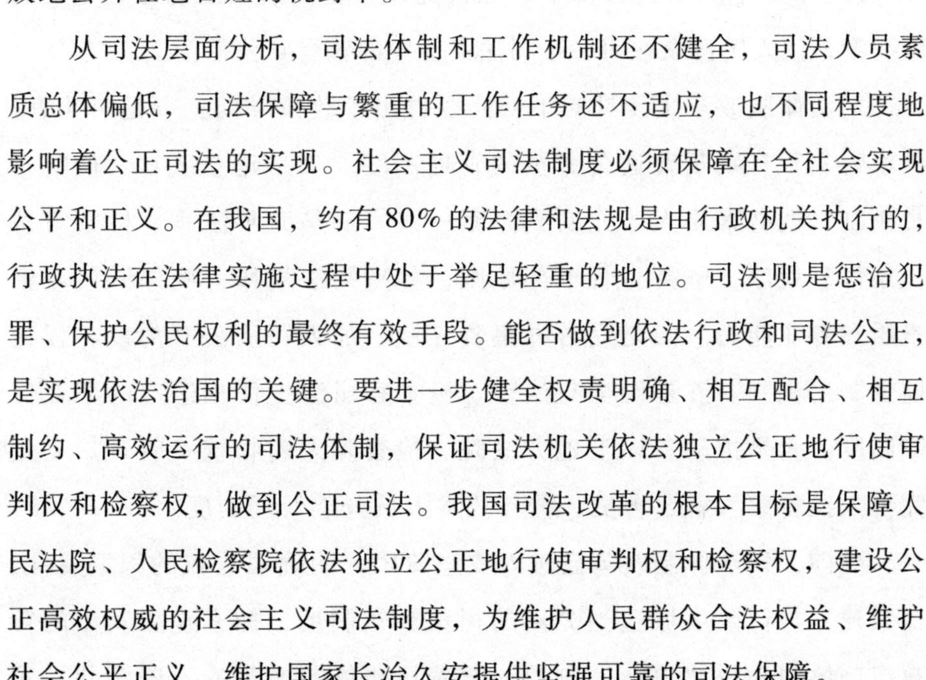

从司法层面分析，司法体制和工作机制还不健全，司法人员素质总体偏低，司法保障与繁重的工作任务还不适应，也不同程度地影响着公正司法的实现。社会主义司法制度必须保障在全社会实现公平和正义。在我国，约有80%的法律和法规是由行政机关执行的，行政执法在法律实施过程中处于举足轻重的地位。司法则是惩治犯罪、保护公民权利的最终有效手段。能否做到依法行政和司法公正，是实现依法治国的关键。要进一步健全权责明确、相互配合、相互制约、高效运行的司法体制，保证司法机关依法独立公正地行使审判权和检察权，做到公正司法。我国司法改革的根本目标是保障人民法院、人民检察院依法独立公正地行使审判权和检察权，建设公正高效权威的社会主义司法制度，为维护人民群众合法权益、维护社会公平正义、维护国家长治久安提供坚强可靠的司法保障。

要实现司法公正，需要进一步深化司法体制改革，确保司法机关依法独立公正行使审判权、检察权。要实现司法公正，应当让司法成为真正的司法，让司法回归司法，既不能让司法机关变成立法机关以司法解释代替国家法律，更不能让司法机关成为行政机关。让司法机关真正地从事司法工作，实现和保障社会的公平正义。同

时，要实现司法公正，需要建立起社会监督机制。要实现司法公正，还要建立司法权威，不让一份判决成为无法兑现的空头支票。

深化司法体制改革的总体思路是，立足社会主义初级阶段基本国情，遵循司法规律，推动中国特色社会主义司法制度自我完善和发展。紧紧围绕确保依法独立公正行使审判权检察权、健全司法权力运行机制、完善人权司法保障制度三个方面重点任务，通过完善制度体制机制，着力解决影响司法公正、制约司法能力的深层次问题，破解体制性、机制性、保障性障碍，加快建设公正高效权威的社会主义司法制度，让人民群众在每一个司法案件中都感受到公平正义。

司法体制改革主要针对下列问题提出了政策导向：一是对法官、检察官实行有别于普通公务员的管理制度。二是建立法官、检察官员额制，把高素质人才充实到办案一线。三是完善法官、检察官选任条件和程序，坚持党管干部原则，尊重司法规律，确保队伍政治素质和专业能力。四是完善办案责任制，加大司法公开力度，强化监督制约机制。五是健全与法官、检察官司法责任相适应的职业保障制度。六是推动省以下地方法院、检察院人财物统一管理。七是完善人民警察警官、警员、警务技术人员分类管理制度。

当前，司法体制改革已进入攻坚阶段，明确司法权的国家属性，探索建立与行政区域适当分离的司法管辖制度，探索建立新型的行政审判体制和司法执行体制等。随着司法体制改革的不断深化，司法公器维护社会公平正义的功能必将得到不断释放。要继续推进司法改革，从制度上保证司法机关依法独立公开地行使审判权和检察权，建立冤案、错案责任追究制度。加强执法和司法队伍建设。在成熟的法治国家中，司法是被作为市民的权力看待的。宪法和法律所规定的公民所享有的各项权利能不能得到法律手段的保障，法律

诉讼途径是必不可少的制度化条件。当前，保证司法独立首先要从人事制度上和财政制度上作出重大的改革。人民法院、人民检察院的司法工作人员应该自成体系依法进行独立管理，法官制度、检察官制度应当与公务员制度分离。人民法院、人民检察院的办案经费独立预决算，直接受人民代表大会领导和监督。建立对行政机关抽象行政行为的司法审查机制，使司法真正成为监督行政合法的有效手段。在不断完善宪法实施制度的过程中，逐步创造条件建立宪法诉讼制度，使诉讼制度能够自成体系、相互统一，使公民权利能够得到法律上的终极保障。在保障司法独立的基础上，不断完善司法责任制度，加强对司法队伍执法合宪性和合法性的监督，建立具体的司法赔偿制度，使司法具备完整的保护公民权利的功能。

四、全民守法是法治中国的基础

习近平总书记指出："我们要坚持把依法治国和以德治国结合起来，高度重视道德对公民行为的规范作用，引导公民既依法维护合法权益，又自觉履行法定义务，做到享有权利和履行义务相一致。"

中国的法治建设，与公民的守法意识、守法程度有关。中国是在13亿人口中搞法治，任务比世界上任何一个国家都重。况且，中国人长期以来重礼轻法，法治意识相对薄弱，各种违法犯罪案件、各类不信法不守法行为在一定范围内和一定程度上仍然存在。人们从内心真正感知法、认同法、信任法、敬畏法的理念还未形成，而违法的成本相对较低，全民守法意识仍需提高。

全民守法，要继续抓好法治宣传和教育，扎实推进"六五普法"活动。要营造"学法尊法守法用法"的氛围。严格规范公民自身行为，引导公民学会在享受自己的权利和自由时，尊重别人的权利和

自由。要在全社会深入开展法治宣传教育，使社会主义法治精神深入人心，成为人们的自觉行为，使每一个普通群众都真正学法尊法守法用法，依法维护合法权益，自觉履行法定义务。

更为关键的是，各级党政机关领导干部要切实尊崇宪法和法律，带头遵守宪法和法律，自觉在宪法和法律范围内活动，维护国家法制的统一、尊严、权威，不断提高运用法治思维和法治方式深化改革、推动发展、化解矛盾、维护稳定的能力，自觉接受人民群众的监督。唯有加快推动全民守法、建设法治社会进程，才能为构筑法治中国奠定坚实的社会基础。

第五章 宪法的实施与监督

我国现行宪法颁布已经32年了。宪法的基本常识告诉我们：宪法是国家的最高大法，是所有公民和组织的根本行为准则，但宪法的力量并不在于宪法的崇高地位，而在于宪法的有效实施。不能有效实施，宪法就不会有尊严，依法治国就成为一句空话。学术界一般认为，法律实施是国家机关及其公职人员、社会团体和公民实现法律规范的活动。宪法实施是将宪法文本落实到社会生活、国家政治生活中的一套观念和制度，它不是简单的技术与程序，而是一种公共理性的生活。只有全面、及时、统一、正确实施宪法和法律，才能使各项规定从纸面走入生活，各项权利从拟制走向现实。

宪法有效实施的重要条件之一是必须建立健全宪法实施的保障机制，其中最为重要的内容就是违宪审查机制。由于种种原因，这一机制还有待进一步落实。党的十八大以来，依法治

国首先要依宪治国的提法不断明确，得到广泛认同，逐步深入人心。依宪治国当然要求宪法得到良好实施，加强宪法实施的重要性不言而喻。国内外的历史和实践表明，加强宪法实施需要全面有效的宪法保障制度，其中尤以宪法监督制度最为紧要。为此，党的十八届四中全会作出的《中共中央关于全面推进依法治国若干重大问题的决定》提出，要健全宪法实施和监督制度，并指明了完善全国人大及其常委会宪法监督制度、健全宪法解释程序机制、加强备案审查制度以及加强宪法宣传教育四个努力方向。

第一节　宪法的生命和权威在于实施

法治的核心是宪法和法律的实施。由于历史与现实的多重原因，在我国，法律缺乏必要的权威性和实效性，甚至缺乏应有的尊严。有法不依的现象普遍存在。无论是在直观上，还是在统计数据上，我国法律被遵守的情况低于世界的平均水平。不把宪法和法律当回事、不给宪法和法律留面子的实例比比皆是。巨大的反差使我们不得不把维护法律体系的尊严和权威，确保宪法法律有效实施作为当前和今后相当长时期法治中国建设的重中之重，不得不把法学研究的重心转向宪法法律的实施上，亦即转向严格执法、公正司法、自觉守法和法律实施监督的研究上。通过研究和实践，完善有法必依、执法必严、违法必究的刚性制度，形成不敢违法、不能违法、不愿违法的良好法治文化环境，提升中国宪法法律的尊严和权威。

当前，我国宪法和法律的实施状况总体还不能令人满意，学术界对此进行了较为深入的研究。习近平总书记指出，保证宪法实施的监督机制和具体制度还不健全，有法不依、执法不严、违法不究现象在一些地方和部门依然存在；关系人民群众切身利益的执法司法问题还比较突出；一些公职人员滥用职权、失职渎职、执法犯法甚至徇私枉法严重损害国家法制权威；公民包括一些领导干部的宪法意识还有待进一步提高。这些问题分析精辟，发人深省。这些问题的产生，原因是多方面的，需要在经济社会发展的整体环境中统筹思考与把握。

宪法的生命在于实施，宪法的权威也在于实施。习近平总书记强调，维护宪法权威，就是维护党和人民共同意志的权威。捍卫宪法尊严，就是捍卫党和人民共同意志的尊严。保证宪法实施，就是保证人民根本利益的实现。他还指出，全面贯彻实施宪法，是建设社会主义法治国家的首要任务和基础性工作。这些论述，深刻阐述了宪法和宪法实施在建设社会主义法治国家中的重要地位，具有很强的思想性和指导性。实践证明，抓好宪法实施，坚持依宪治国、依宪执政，社会主义法制的统一、尊严、权威才有坚实基础，国家统一、民族团结、经济发展、社会进步和国家长治久安才有可靠保障，党和国家事业兴旺发达才能获得蓬勃伟力。

一、宪法实施是国家治理的重要任务

宪法是国家的根本法，是治国安邦的总章程。现代法治国家都将宪法置于国家最高地位，按照宪法确立国家制度、社会制度、国家政权组织形式以及公民基本权利义务等，依据宪法组建国家机关、管理国家和社会事务。我国宪法确认了中国共产党领导全国各族人民奋斗的成果，规定了国家的根本制度和根本任务，是国家的根本

法，具有最高法律效力。

宪法与国家前途、人民命运息息相关，保证宪法实施，就是保证人民根本利益的实现。切实尊重和有效实施宪法，人民当家作主就有保证，党和国家事业就能顺利发展。因此，要更加注重发挥宪法在国家治理体系和提升国家治理能力中的重要作用，将宪法和宪法实施置于更加重要的地位。

所谓国家治理，就是根据宪法的规定和精神，在党的领导下人民依照宪法和法律规定，通过各种途径和形式，管理国家事务，管理经济和文化事业，管理社会事务。

党的十八届三中全会提出全面深化改革的总目标是完善和发展中国特色社会主义制度，推进国家治理体系和治理能力现代化。国家治理体系是党领导人民对国家事务进行有效治理的制度体系，包括经济、政治、文化、社会、生态文明和党的建设等各领域的体制、机制、法律法规和制度安排，涉及改革发展稳定、内政外交国防、治党治国治军等各个方面，其中依法执政、依法治国、依法行政的水平是国家治理体系现代化的重要标志。这其中，宪法居于最核心地位，是国家治理的最高准则，是制定、调整国家治理政策的基本依据。依法治国是执政党的执政之基，治国之本，是实现国家治理现代化的必由之路。

从我国法学和政治学意义上理解，国家治理体系不仅是国家机关对社会的管理，包括正确处理国家机关之间的关系、国家与公民间的关系以及公民与公民之间的关系，也涉及执政党的领导。具体地说，治理与管理的区别就在于治理是政府、市场、社会组织，党、人大、政府、政协等多元主体一起进行国家的治理，而不是仅仅依

靠一种力量，这是民主的一种表现。

一是宪法实施决定国家治理的正当合理性。宪法之道，是治国之道。宪法回答了国家治理的基本问题，决定着国家治理的主体和国家治理的方式，是国家治理的纲领性、根本性和系统性规范。宪法至上不仅体现在立法层面，也体现在国家治理的实践上。国家治理能力是运用国家制度管理国家和社会各方面事物的能力。这其中，实施宪法的能力和水平是最根本的治理能力。宪法是否能够得到全面有效实施直接决定国家治理的效果，因为宪法实施关系到国家秩序、国家共识、国家价值的构建和执政的正当性、治理的合理性。宪法实施与国家治理是有机融合的，依法撤销和纠正违宪的规范性文件，可以使国家治理的法律规范体系更加完善；依法追究和纠正违反宪法的行为，可以保证国家治理活动在法治轨道上进行。

二是宪法实施决定国家治理的权威性。宪法是法之统帅、法律之母，具有最高法律效力，宪法权威决定着法律权威、法治权威。宪法不仅对国家和社会生活从宏观上、全局上进行系统调整和规范，而且也对公民的基本权利和义务等进行全面规范，与人们的日常生活息息相关。宪法实施是国家长治久安的保障，宪法至上并不意味把宪法当作空中楼阁，恰恰相反，国家和社会生活必须接受宪法的调控。

三是宪法实施决定国家治理的有效性。宪法秩序是一种权力秩序，宪法思维是一种限权思维。宪法以最高法律效力确定了国家权力的来源、内容、范围、形式等，是国家权力在法定轨道上运行的保证。推动宪法实施，必须要坚持和完善人民代表大会制度，坚持职权法定，加强对权力的制约监督，使权力服从于规则控制，服务

于国家治理的目标。要遵循宪法原则制定决策，按照宪法逻辑思考和解决社会问题，依据宪法精神理顺利益关系。[①]

二、全面贯彻实施宪法是建设法治国家的首要任务

注重宪法和法律实施是当代法治基本内涵的普遍要求，也是全面推进依法治国的时代要求。我国在坚持依法治国基本方略的同时，对于宪法和法律实施更是提出了明确要求，党的政治报告先后提出，加强对执法活动的监督，推进依法行政，维护司法公正，提高执法水平，确保法律的严格实施；加强宪法和法律实施，坚持公民在法律面前一律平等，维护社会公平正义，维护社会主义法制的统一、尊严、权威。根据党的十八大的战略部署，依法治国要“全面推进”，社会主义法治国家要“加快建设”，这客观上要求高度注重宪法和法律实施，坚持严格执法、公正司法、全民守法，坚持法律面前人人平等，保证有法必依、执法必严、违法必究。

在2012年纪念宪法颁布30周年的大会讲话中，习近平同志指出：“全面贯彻实施宪法，是建设社会主义法治国家的首要任务和基础性工作。”随着“法治”理论研究的深入和生动实践的推进，宪法实施在法治国家中的地位和作用彰显，将宪法实施上升到“首要任务和基础性工作”的高度，在强化国家机关和公民的宪法理念、宪法意识的同时，也使得未来社会主义法治国家建设有了更有力的制度保障和宪法基础。

维护宪法法律权威是法治中国建设的基本遵循和制度核心。十八届三中全会提出，宪法是保证党和国家兴旺发达、长治久安的根

① 丁国强：《依宪治国是法治中国建设的首要任务》，《法制日报》2014年11月26日。

本法，具有最高权威；要进一步健全宪法实施监督机制和程序，把全面贯彻实施宪法提高到一个新水平；建立健全全社会忠于、遵守、维护、运用宪法法律的制度。这就要求在推进国家治理体系和治理能力现代化过程中，全党全社会切实尊崇宪法和法律，自觉在宪法和法律范围内活动，维护国家法制的统一、尊严、权威，不断提高运用法治思维和法治方式解决问题的能力，提高国家治理的法治化水平。十八届四中全会通过了《中共中央关于全面推进依法治国若干重大问题的决定》（以下简称《决定》），这个纲领性的文件专门论述了法治的重要性，开创了中国沿着法治轨道前进的新时代。这对于高扬人民民主的光辉旗帜依法治国，坚持和发展中国特色社会主义政治发展道路，全面建设小康社会，实现中华民族伟大复兴的中国梦具有极其重要的意义。

依法治国首先树立宪法权威。“依法治国首先是依宪治国，依法执政首先是依宪执政。”党的十八届四中全会《决定》的这一重要论断，体现了对宪法尊严和权威的维护，是我们党领导人民长期探索治国理政之道的经验总结，需要我们深刻领会、全面把握。《决定》首先树立了宪法的权威，例如《决定》提出，要完善以宪法为核心的中国特色社会主义法律体系，提出“坚持依法治国首先要坚持依宪治国，坚持依法执政首先要坚持依宪执政，”还包括将每年12月4日定为国家宪法日，建立宪法宣誓制度等。

全面推进依法治国，就是要坚持依法治国与建设法治中国相统一，坚持党的领导、人民当家作主、依法治国有机统一，坚持科学立法、严格执法、公正司法和全民守法协调发展，坚持依法治国、依法执政、依法行政共同推进，坚持法治国家、法治政府、法治社会一体建设，坚持科学执政、民主执政和依法执政，做到党统领立

法、保证执法、支持司法、带头守法，坚持依法治国与以德治国相结合，坚持中央与地方、部门与行业、城市与农村等法治建设的协调推进。

法治中国建设的核心是树立宪法权威，长远是培育法治精神和法律信仰，突破口是司法改革，为公平正义提供保障。法治中国强调党的领导、人民当家作主和依法治国的有机结合，强调立足人民代表大会制度推进民主法治建设，强调对公权力的严格规约和私权利的充分保障，强调法治建设的全面、协调和持续性。同时，法治中国要求从法律思维到法治思维的提升，从法律体系到法治体系的提升，从法律文化到法治文化的提升，从依法治国到依法治国、依法执政、依法行政共同推进，法治国家、法治政府和法治社会一体建设的提升。

三、当前制约我国宪法和法律实施的主要因素

"法律至上"是法治国家的基本要求，但是没有"宪法至上"，"法律至上"就难以实现。法律的权威，不是法治社会独有的；但法律享有至高无上的权威，却只能在法治社会里得到实现。依法治国的一个必要条件是法律必须在国家政治、经济、社会、文化生活中享有最高的权威，使这种制度和法律不因领导人的改变而改变，不因领导人的看法和注意力的改变而改变。如果法律完全是因人而立、因人而废、因人而用、因人而弃，那它就不可能具有崇高的权威。

宪法和法律实施是一个长期的历史过程，也是各种因素共同作用的过程，更是法律制度不断健全、法治环境不断改善的过程。在这一过程中，经济水平、规章制度、历史传统、人文环境等正式、非正式因素都从不同侧面发挥着作用。

宪法和法律是根植于一个国家的经济、社会、文化等土壤之中的，其能够顺利实施也受制于这些因素。我国当前宪法和法律实施不力，主要受制于两个方面：一方面，受制于经济状况。“无论是政治的立法或市民的立法，都只表明和记载经济关系的要求而已”[①] 宪法和法律能否得到有效实施，与一个国家特定阶段的经济发展水平、模式、要求等密切相关。比如，各级人大常委会对环境保护类法律的执法检查的频度很高，仅八、九、十届全国人大常委会就进行了10多次环保类法律的执法检查。但因为环境保护类法律实施对于一个地方政府的发展方式转变、政绩考核指标都会产生直接的影响。这类法律涉及中央利益、地方利益、部门利益的权衡与调整，在实施过程中遇到的难题就多，困难就大。虽然各级人大常委会加强了对这类法律的执法检查，但大气污染防治法、水污染防治法等环保类法律并没有因此而实施到位。[②] 另一方面，受制于社会转型。当代中国社会正处于农业社会向传统工业社会、传统工业社会向现代工业社会、现代工业社会向信息社会“三大跨越”同时并举的历史阶段，社会处于急剧转型期、体制转轨期。这一时期，社会立法总体落后于社会转型，宪法和法律实施面临一些“空档”或“缺位”。比如，社会组织的蓬勃兴起是全球化背景下国家与社会界限模糊、交叉互渗，以及权力和权利良性互动、平衡合作的产物和结果。但我国关于社会组织管理的立法目前只有社会团体登记管理条例、基金会管理条例、民办非企业单位登记管理暂行条例，不仅位阶较低，而且内容滞后，如果严格实施这些法律，可能会阻碍社会组织的持

① 《马克思恩格斯全集》第4卷，人民出版社，1958年版，第121页。

② 谢蒲定：《从执法检查报告分析影响和制约法律实施的因素》，《人大研究》2011年第9期。

续健康发展。在经济发展与社会转型的双重压力之下，我国的执法、司法、法律监督都在夹缝中艰难前行，面临着许多可知与不可知的因素制约，宪法和法律实施的总体效果仍亟待提升。

宪法和法律能否有效实施，往往需要明确政府、社会、公民的权利义务，理顺管理体制，健全工作机制，协调好相关各方的利益。从深层次看，宪法和法律实施不力是利益协调不到位的客观反映，体制不顺与机制不全束缚了宪法和法律的统一正确实施。比如，根据我国食品安全法的相关规定，在中央设立食品安全委员会，在地方则由县级以上地方人民政府统一负责、领导、组织、协调本行政区域的食品安全监督管理工作；在职责划分方面，由卫生行政部门承担食品安全的综合协调职责，质量监督、工商行政管理和食品药品监督管理部门分别对食品生产、食品流通和餐饮服务活动进行监督管理。从管理体制上看，我国食品安全的监管主体仍然是政府及其组成部门，监管权力主要是行政公权力，监督体制实质上是"以分段监管为主、品种监管为辅"。从工作机制上看，食品安全监管常态的、规范的综合协调、办案协作等机制还没有真正建立，一旦发生食品安全事故，往往层层成立工作专班进行事故处置；组织"运动式"执法，以行政命令的方式专项治理突出问题。食品品种是无限的，而政府资源是有限的，以有限的政府资源来监管无限的食品品种势必会造成监管不力的现象。这种食品安全监管体制机制，也导致监管职能交叉、相互掣肘现象屡屡出现，形成了"九龙治水水成龙"、"七八个部门管不好一头猪，十多个部门管不了一桌菜"的尴尬局面。法律规定地方政府负总责实际上是一种"剩余监管权"，当某一环节出现监管真空或权力争夺时，地方政府要统一担负起责

任来，这可能使政府面临承担无限责任的境地。[①] 与此类似，我国涉农类、环保类、城乡社区治理类法律的实施也因受制于不同利益、不同方面、不同层次的利益格局调整，管理体制没有理顺，工作机制还不健全，难以达到理想的实施效果。

法治，既是一种制度，也是一种精神，更确切地讲，法治是制度和精神的有机统一。宪法和法律的有效实施，既需要制度支撑，又需要精神动力。在法治传统方面，中国封建社会的“礼”将社会统治体制与精神信仰体制紧密相联，造成了“宗教、政治、伦理三合一”，中国社会的合法性在于宗法、伦理、家国一体，既没有形成相对独立、有序自治的基层社区，也没有形成“为权利而斗争”的法治传统，而是寄希望于“修身、齐家、治国、平天下”和“明君”、“清官”的人治模式。在法治精神方面，“法律必须被信仰，否则将形同虚设”[②]。中国要全面推进依法治国，加快建设社会主义法治国家，需要培养和唤起广大民众对于法律的信仰，大力弘扬社会主义法治精神，唯其如此，法治才有可能获得人们内心道德理念的支持。当前，许多党政官员越来越迷信个人威信和政府的强力管控，内心对于民主法治建设的信仰则越来越淡漠。一些政府部门维稳怕乱的心态，也助长了用非法律手段解决问题的不良风气。这些情况说明，如果人们把法治仅仅视为一种制度安排，作为一种治理工具，而缺乏法治传统和法治精神，宪法和法律将无法获得人们发自内心的支持而得到有效实施，也无法形成真正意义上的“法治”。相反，只有维护宪法和法律的权威和尊严，在全社会营造崇尚法治、尊崇法律

① 胡颖廉：《“奶粉事件”：关乎政府治理模式转型》，《中国改革》2008 年第 10 期。

② ［美］哈罗德·J·伯尔曼：《法律与宗教》，梁治平译，中国政法大学出版社，2003 年版，第 37 页。

的浓厚氛围，才能为宪法和法律实施提供良好的社会环境。[1]

四、依法治国，从严格实施宪法开始

法治的一个重要内涵，就是法律在最高的终极意义上居于规限和裁决人们行为的力量，是公民行为的最终导向或司法活动的唯一准绳，不论私人还是政府，都必须首先和主要接受法律的约束，此即法律的至上性。宪法是一国的根本法、最高法，那么法律至上性原则的核心便是宪法至上，亦即宪法是评价和衡量政府、公民行为的根本准则或最高标准。

宪法集中反映了广大人民群众的意志，是国家的根本法、母法，在国家法律体系中具有最高的法律效力。宪法的内容主要包括国家的根本制度和根本任务、国家政权组织形式、公民的基本权利等，是依法治国的根本依据。

宪法是人民意志的集中反映，是主权在民原则最直接的体现，是依法治国的本质要求。在我国，依法治国当然必须首先依宪治国，依宪治国是依法治国的核心。因为只有这样，宪法所承载的人民意志才能体现，所体现的主权在民原则才能得到保障，我国人民民主专政国体的本质要求才能实现。如果治国不依宪，那就等于废弃了立国的根本，背离了最根本的国家共识，使法治陷于悖论，成为无源之水、无本之木，建设法治国家也就无从谈起。

依法治国首先是依宪治国，法律实施首要是宪法实施。宪法的特点和内容决定了它在国家政治和社会生活中具有极其重要的地位，在加快建设社会主义法治国家的进程中更是发挥着不可替代的作用。

① 徐汉明：《法治的核心是宪法和法律的实施》，《中国法学》2013 年 1 期。

过去相当长的时间，我国宪法实施的制度没有建立起来，与理论上对宪法实施的片面理解有关。正是没有认识社会主义初级阶段的基本国情，没有认识中国特色社会主义政治发展道路，一谈到宪法实施便简单地与西方国家的违宪审查、宪法诉讼等简单等同起来。这种简单的思维模式、简单的照搬照抄，会使理论研究陷入泥沼中而停滞不前，也会使宪法实施不具社会环境而无法推进。当前，我国并不是没有宪法实施，而只是宪法实施没有达到我们所要实现的目标和理想。唯有更加自觉地维护宪法权威、捍卫宪法尊严、恪守宪法原则、弘扬宪法精神、履行宪法使命，才能使宪法实施真正成为全体人民的自觉行动。以宪法为最高法律规范，继续完善以宪法为统帅的中国特色社会主义法律体系，通过完备的法律推动宪法实施，保证宪法确立的制度和原则得到落实，把国家各项事业和各项工作纳入法制轨道，为权力运行和权利保障确立总的依据、原则和准绳。在中国特色社会主义道路、理论体系和制度的框架下，探索建立中国特色社会主义宪法实施保障机制，从而在制度完善中丰富和发展社会主义法治国家的具体内涵与多种面向。

宪法是国家的根本法，是治国安邦的总章程，具有最高的法律地位、法律权威、法律效力。但在过去相当长一段时间内，由于宪法监督制度不够完善，宪法作为根本大法的作用体现得很不够。十八届四中全会《决定》提出，完善全国人大及其常委会宪法监督制度，健全宪法解释程序机制，正是对此的针对性回应。一切违反宪法的行为都必须予以追究和纠正。

宪法的权威和生命在于实施，而完善宪法监督机制，健全宪法解释程序机制，是确立宪法权威，保障宪法得以实施的必由之路。

正如有关法学专家早就呼吁的，可由全国人大设立常设的专门机构去行使宪法监督权，以便于以宪法为准绳去衡量法律的正当性。一次的宪法实施监督审查行动，胜过一万次的宪法宣讲。当宪法实施的监督和解释机制得以完善，宪法的权威与作用，必将在实施中不断确立与强化。

将依法治国统一到依宪治国的纲领之下，才能确保依法治国的法律出台与法律实施的科学性与严肃性。现实中所出现的权大于法的人治模式，就是严重与宪法的精神相违背。现阶段必须再度明确，依法治国所依据的法律，并非是根据某个领导或部门的意志去制定，而是依据宪法的精神，以宪法为唯一参考标准；任何组织和个人，无论级别有多高，职务有多大，都不能凌驾于宪法和法律之上。

依法治国，离不开人们对法治的信仰。而在一个司法公信与政府公信仍有待提升的社会生态下，法治信仰重建的难度可想而知。强调宪法的根本法作用，则提供了一次最大的契机。毕竟，较之于一般性法律，人们对于宪法素有更高的期待与信任，其一旦被严格实施，就可以成为依法治国决心的一次展现。可以说，宪法是否得到足够尊重，宪法的实施是否受到严格的监督，已成为人们判断依法治国水平如何的重要标准。

确立宪法的至高地位，以宪法来衡量法律实施和公权力运行的正当性，实际上是奠定了依法治国的价值基座与实施边界。同时，严格宪法实施，也是凝聚法治信仰，令司法革新收获民众支持与信任的最有效手段。因此，依法治国，不妨先从严格实施宪法开始。

第二节 增强全民的宪法意识是宪法有效实施的保障

宪法的有效实施还必须具备另一个必要条件，那就是必须努力提升全民的，尤其是国家机关工作人员的宪法意识，培育全民的宪法信仰。习近平同志在首都各界纪念现行宪法公布30周年的讲话中，一方面充分肯定了宪法实施所取得的成绩，另一方面也指出了存在的不足。在这些不足中，他特别强调："公民包括一些领导干部的宪法意识还有待进一步提高。""要在全社会加强宪法宣传教育，提高全体人民特别是各级领导干部和国家机关工作人员的宪法意识和法制观念，弘扬社会主义法治精神，努力培育社会主义法治文化，让宪法家喻户晓。""我们要通过不懈努力，在全社会牢固树立宪法和法律的权威，让广大人民群众充分相信法律、自觉运用法律，使广大人民群众认识到宪法不仅是全体公民必须遵循的行为规范，而且是保障公民权利的法律武器。"

宪法规定的行为准则能否得到严格的遵守是宪法能否得到有效实施的关键，而要使宪法得到有效实施，增强和提高全民的宪法意识又是关键的关键。卢梭说过，最重要的法律不是铭刻在大理石上，也不是铭刻在铜表上，而是铭刻在公民的心中。只有这样，它才形成国家真正的宪法。孙中山先生也曾说："宪法之所以能有效力，全持民众之拥护。"这些经典的说法都精辟地阐释了全民宪法意识而衍生的宪法信仰对保障宪法实施的重要意义。也就是说，只有全体公民都认识到宪法才是保护他们权利的最终屏障，只有所有国家机关及其工作人员都认识到宪法是他们的最高行为准则，只有全社会牢

固树立宪法至上、宪法至尊的观念，宪法才能真正走进我们的生活，才能成为国家真正的宪法。否则，宪法和法治永远只能是空中楼阁。

一、增强全体公民的宪法和法律意识

宪法意识是指人们凭借一定的经验和知识，在日常的生活体验中形成的有关宪法和宪法现象的认识、思维和心理活动。也就是说，宪法意识是人们对宪法的内容、特点和作用的认识，以及在此基础上形成的以宪法为准则规范自己的行为，并促进宪法的实施和完善的意识形式。

宪法意识它的大体内容可概括为：人们对于现行宪法规定内容的理解和掌握，对于现行宪法的态度和感情，对于国家机关及其工作人员和公民个人行为合宪性的评价和看法，对于公民基本权利与义务的认识和要求。

宪法意识虽然一般是由人们的直接生活经验获得的，但也包括着一些对宪法问题的理性认识，因为人们会从切身利益出发对宪法的正当性和有效性作出判断，最后产生拥护和敌视现行宪法的愿望和感情。而在我国要树立宪法意识，其具体内容包括：全社会都应掌握宪法的基本知识；懂得宪法规定的内容及其基本精神；了解宪法的功能；了解宪法在依法治国中的主导地位；树立忠于宪法、遵守宪法和维护宪法权威的自觉意识；更使人们认识到宪法不仅是全体公民必须遵守的行为规范而且也是保障公民基本权利的法律武器；要使人们理解公民权利和义务的一致性，等等。

宪法实施不仅需要制度的支撑，更需要宪法意识深入人心，在民众与国家权力执掌者之中树立牢固的宪法理念。因为宪法实施是一套价值与理念实现过程。一套缺乏价值与理念支撑的技术体系即

便能够保证宪法运行良好，但是也不能贸然称之为宪法实施。宪法实施的最终目的是构建一种公共生活，或者说为一种群体的生活方式提供一种合理性与期待性，因而宪法意识对于宪法实施具有极为重要的意义。

宪法和法律意识是决定法律制度能否得到有效运作的内在动因，也是依法治国、建设社会主义法治国家目标得以实现的社会文化条件。在建立了完善的各项具体的社会主义法律制度之后，法治的精神能不能得到弘扬，人的素质就是最关键的决定因素。法治国家只有在公民具有较高法律素质的前提下才有可能实现，只有在全体人民中真正地确立了宪法和法律在调整人们各项行为中至高无上的权威，依法治国、建设社会主义法治国家才能成为全体人民共同奋斗的目标。建设法治国家是个系统工程，它包括立法质量的不断提高，公正执法的严格要求，也包括全民法律意识（包括宪法意识）的提高。没有全民宪法意识的支撑，法治国家建设就只能是一个梦想。

过去几年，通过以宪法为核心的普法宣传，人们的宪法意识虽有提高，但由于种种社会原因和历史原因，公民的宪法意识从总体上说依然是比较薄弱的，例如，为数众多的人不知道宪法规定的重要内容，更多的人不知道宪法是干什么用的，公职人员缺乏宪法思维，等等。而其中的原因也是多方面的，比如，司法机关不能用宪法判案，宪法离民众的生活太远等，这些问题得不到解决，很难提高公民的宪法意识。修改后的现行宪法明确写入了“公民的合法的私有财产不受侵犯”、“国家尊重和保障人权”等内容，这是一个很大的进步。但有法律专家指出，与修改宪法相比，树立宪法权威和培育宪法意识更为重要。因此，开展有关宪法的宣传、教育和普及工作是非常必要的。专家指出，一部法律包括宪法，不管它制定得

多好，如果是大家不知道，或者是大家没有这种意识去遵守，那么这部法律是没有什么用的。如果大家没有这种宪法意识，那就不可能按照宪法去办事。所以在全民当中进行广泛的宪法教育是非常必要的。

宪法意识包括三个层面：一是普通公民的宪法意识；二是法律职业人（包括政府工作人员、司法工作人员、律师等）的宪法意识；三是政府决策者的宪法意识。要提高宪法意识，树立宪法权威，其中，提高普通公民的宪法意识是基础。只有普通公民的宪法意识提高了，宪法才能得到根本遵行；提高法律职业人的宪法意识是关键。宪法的本质在于保障公民权利，约束公权力，如果法律职业人的宪法意识增强了，他们依法行政、依宪行政的水平就会大大提高；政府决策者具有政治决策权，他们的宪法意识和宪法观念对推进国家的法治建设具有更大的推动作用。从这种意义上来说，政府决策者的宪法意识和守宪意识，是一个国家法治建设中的重中之重。政府决策者属于高层国家机关领导人，不是一般的公务员，享有政治决策权，加之又经常在媒体上露面，他们的宪法意识对推进国家民主、法治进程具有非常重要的作用。

加强宪法的宣传和学习，将有助于提高公民尤其是公职人员的宪法意识和依法办事能力。提高公职人员宪法意识有助于公职人员在执行和贯彻实施宪法过程中，严格按照规定的职权和程序来管理国家事务，保障公民的宪法权利。宪法的很多规范都是由国家机关和国家机关的工作人员去贯彻，所以提高公职人员的宪法观念和他们的依宪行政、依照宪法来管理国家事务的水平和能力，对于带动广大群众和全社会的宪法观念，以保障宪法的实施有着非常重要的作用。

当前，增强公民宪法和法律意识的途径主要有：一是要加强法律宣传工作和普法教育工作，增加公民学习法律、了解法律的渠道和途径；二是完善职业法律教育工作，增强公民掌握和运用法律知识、进行依法办事的实际能力。现实生活中，一些领导干部、公务员的宪法意识比较淡薄。要解决国家机关及其工作人员，尤其是领导干部的宪法意识问题，改变以政策、具体办法或领导指示来变通执行法律、法规的倾向，就要进一步深入开展普法教育，增强全民的宪法和法律意识，着重提高领导干部的法制观念和依法办事的能力。

二、用“国家宪法日”强化宪法意识

12 月 4 日不是一个普通日子——1982 年的这一天，我国开始实施现行宪法；从 2001 年开始，这一天又被确定为“全国法制宣传日”。每年的 12 月 4 日，社会各界都会开展各类法制宣传活动，这对于提高公众的法制意识起到了重要作用，但是也存在有关宪法内容的宣传不集中、力度也不够的问题。

党的十八届四中全会提出，将每年的 12 月 4 日定为国家宪法日，在全社会普遍开展宪法教育，弘扬宪法精神。2014 年 11 月 1 日，十二届全国人大常委会第十一次会议决定将 12 月 4 日设立为国家宪法日，国家将通过多种形式开展宪法宣传教育活动。

在中国特色社会主义法律体系中，宪法处于“统帅”地位，具有最高的法律地位；法治首先是“宪治”，“普法”的核心首先在于“普宪”。将 12 月 4 日设定为国家宪法日，有助于认真落实“依宪治国”的精神，提高宪法宣传的实效性，更大程度上发挥宪法作用，维护宪法权威；有助于普及宪法知识与价值，扩大宪法实施的群众

基础，使人们认识到宪法是保护自己权力的一种最有力的武器；有助于在国际社会树立尊重宪法的良好形象，扩大中国宪法的国际影响，发挥宪法宣传在树立国家价值观方面的积极作用。

新中国宪法制度的发展历程与国家的命运息息相关，与中国特色社会主义道路的实践紧密相连，折射出不同时期我们对法治理解和认识的不断深化，也反映出我们对法治文明持之以恒的追求与探索。从1954年新中国第一部宪法诞生到“国家宪法日”的设立，其间经过了整整60年。在这60年间，我国共制定了4部宪法，现行的1982年宪法也经历了4次修正，12月4日正是我国现行宪法正式实施的日子。以这一天为“国家宪法日”是国家弘扬宪法精神、维护宪法权威、捍卫宪法尊严、保证宪法实施的集中体现。

国家宪法日的设立，集中反映了全党和全国人民的意志，对全社会加强宪法宣传教育，树立忠于宪法、遵守宪法、维护宪法的意识，进一步弘扬宪法精神、维护宪法权威、捍卫宪法尊严，推进宪法实施和法治中国建设将起到积极作用。

首先，设立国家宪法日有助于落实依宪治国，发挥宪法作用，维护宪法权威。2012年12月4日，习近平总书记在首都各界纪念现行宪法公布施行30周年大会上指出：“全面贯彻实施宪法，是建设社会主义法治国家的首要任务和基础性工作。”2014年9月5日，习近平总书记在庆祝全国人大成立60周年大会上指出：“宪法是国家的根本法，坚持依法治国首先要坚持依宪治国，坚持依法执政首先要坚持依宪执政。”党的十八届四中全会重申了这一点，并强调全国各族人民、一切国家机关和武装力量、各政党和各社会团体、各企事业组织，都必须以宪法为根本的活动准则，并且负有维护宪法尊严、保证宪法实施的职责。要落实这一系列精神，需要提高宪法宣传的实效性，积极探索宪法宣传的生动形式。

其次，设立国家宪法日有助于普及宪法知识，有助于公民通过各种宪法宣传活动感受宪法的价值，扩大宪法实施的群众基础。尊重宪法、实施宪法、维护宪法，实质上就是尊重民主、维护民主、实施民主。开展国家宪法日活动，能够培养广大人民群众的公民意识和国家公职人员的法治意识，有利于不断巩固执政党的执政地位，营造建设政治文明的良好氛围。

再次，设立国家宪法日有助于落实2011年4月全国人大常委会作出的《关于进一步加强法制宣传教育的决议》。《决议》第一部分明确提出，要突出抓好宪法的学习宣传，深入学习宣传宪法确立的我国的国体政体、根本制度、根本任务、公民的权利和义务等主要内容和精神，进一步增强公民的宪法意识和社会主义民主法治观念，形成崇尚宪法、遵守宪法、维护宪法权威的良好氛围。设立国家宪法日不仅有利于落实《决议》精神，而且也有利于深化法制宣传教育的内涵，发挥法制宣传在培育社会主义核心价值观方面的积极作用。

最后，设立国家宪法日也有助于在国际社会树立我国尊重宪法的良好形象，扩大我国宪法的国际影响。设立专门的宪法日或者纪念日是各国的通行做法。一些国家设有固定的宪法节，还有许多国家都把自己国家通过、颁布或实施宪法的那一天确定为宪法日或宪法纪念日。

“国家宪法日”的设立首先对各级党员领导干部提出了要求。宪法是人民权利的宪章，同时也为权力的行使划定了边界。习近平总书记在各种不同场合反复强调，坚持依法治国首先要坚持依宪治国，坚持依法执政首先要坚持依宪执政。

“国家宪法日”的设立同时也对全体公民提出了要求。宪法日不

仅是一个重要的纪念日，更是全民宪法教育日、普及日、深化日。要通过“国家宪法日”的宣传活动，进一步弘扬社会主义法治精神，努力培育社会主义法治文化，让宪法家喻户晓，在全社会形成学法尊法守法用法的良好氛围，让广大人民群众充分相信法律、自觉运用法律，充分认识到宪法不仅是全体公民必遵循的行为规范，而且是保障公民权利的法律武器。

三、建立宪法宣誓制度树立宪法信仰

与设立国家宪法日同样为人高度关注的是，建立宪法宣誓制度。这两大举措，旨在建立全社会对宪法的信仰。专家认为，现阶段的重点是各级领导干部带头维护宪法，宪法的权威性才能真正树立起来。对宪法宣誓就是一种很好的教育形式。党的十八届四中全会提出，“建立宪法宣誓制度，凡经人大及其常委会选举或者决定任命的国家工作人员正式就职时公开向宪法宣誓”。

宣誓是西方国家公职人员在就任职务时，誓言遵守宪法的一种承诺方式。效忠宪法乃宣誓的精义所在。自1919年德国《魏玛宪法》首次确认国家公职人员就职时必须宣誓效忠宪法的制度以后，这一制度被现代许多国家的宪法规定下来。综观各国宪法规定，宣誓制度一般包括宣誓的主体、宣誓的内容、宣誓的程序等内容。

在142个有成文宪法的国家中，规定相关公职人员必须宣誓拥护或效忠宪法的有97个。比如，美国总统当选人向美国最高法院院长宣誓，宣誓词节录自美国宪法第2章第1节：“我郑重宣誓，将凭信实执行美国总统职务，我亦将竭尽心力维护、保障并遵守美国宪法。”俄罗斯宪法则对总统就职宣誓作出规定：在俄联邦宪法法院院长的主持下，总统当选人把手放在一本特制的宪法上宣誓。

宪法宣誓制度有利于彰显宪法权威，增强公职人员宪法观念，激励公职人员忠于和维护宪法，也有利于在全社会增强宪法意识、树立宪法权威。向宪法宣誓，就是要增强领导干部对宪法和法律的敬畏感，在精神的洗礼中认清自己肩负着维护宪法尊严、加强宪法实施的责任与使命。向宪法宣誓还是一种庄重承诺：誓言接受公众监督，违反誓言要被追究责任。向宪法宣誓也在提醒宣誓人三个最基本的问题：我是谁、依靠谁、为了谁，以时刻警示自己，权力来自人民。

多年来，我国宪法的实施和保障尚不完备。不少人认为，刑法、民法是比较严厉的法律，违反了就要受到制裁，但宪法好像很“宽容”，违反了可以不被追究法律责任。这种“违法可怕，违宪不可怕”的观念相当普遍，但其实，违宪，是最严重的违法。这首先是由宪法与其他法律的关系决定的。宪法是国家的根本大法，凌驾于所有法律之上，具有最高的法律效力。从内容上来讲，宪法是人民权利宪章，最大程度集中了全国人民的共同意志、追求和信念，具有至高无上的地位。

在我国，公职人员既是人民的受托人，也是公仆，理应服从于人民、服务于人民。而通过宪法宣誓这种确定仪式化的程序，可强化国家公职人员对人民、对宪法、对人民赋予的权力的敬畏之心和崇敬之情。这为社会主义政治文明添加了一种崭新的时代形式。公职人员在就职仪式上，也就是其正式接受人民授予其行使的国家权力时，就应当向人民这个权力授予主体宣誓，誓言效忠于宪法，全心全意竭诚为人民服务。通过公职人员宣誓以及民众观看宣誓仪式，加强民众对宪法的认同，提升民众对宪法的忠诚度，使得大家更加敬畏宪法。这有助于巩固民众，尤其是领导干部的宪法信仰。

真正树立起宪法的权威，不仅要有信仰和意识，还需要习惯和行为，因此十八届四中全会《决定》强调了宪法的实施和监督。依法治国首先要坚持依宪治国，坚持依法执政首先要坚持依宪执政。从实施来看，所有国家机关、企事业组织等都要以宪法为根本的活动准则。

四、宪法普及的核心是宪法精神

习近平总书记在首都各界纪念现行宪法公布施行30周年大会上的讲话上指出："我们要更加自觉地恪守宪法原则、弘扬宪法精神、履行宪法使命。"十八届四中全会《决定》提出："在全社会普遍开展宪法教育，弘扬宪法精神。"弘扬宪法精神是宪法实践的重要组成部分，对于在全社会树立宪法信仰和宪法权威，推动国家和社会生活法治化具有积极作用。

首先，宪法精神是人民主体地位的彰显。十八届四中全会《决定》指出，"人民是依法治国的主体和力量源泉"。国家与公民的关系是最基本的宪法关系。宪法是人民意志的反映，同是也是党的意志的体现，凝聚了国家和社会的最高价值。我国是人民当家作主的国家，宪法规定国家的"一切权力属于人民"，并规定了人民行使国家权力的方式和途径。宪法精神是国家和人民对国家治理、人民权益、公平正义的看法，包括执政为民的理念、依法保障公民权利的意识以及依法规范制约国家权力的价值选择。

其次，宪法精神是国家理性、宪法思维的体现。习近平总书记强调，要提高领导干部运用法治思维和法治方式深化改革、推动发展、化解矛盾、维护稳定的能力。法治思维是重要的宪法思维。宪法思维是人们在宪法领域进行的精神活动，是遵循宪法原则、宪法

规范、宪法立场认识和解决问题的方式。依宪执政就是运用宪法思维执政，这是治国理政的关键。宪法凝结了国家的最高理性，积淀着治国理政经验和智慧，宣示着党的执政方针和执政理念。责任思维也是宪法思维的一种体现。

第三，宪法精神是政治文明的灵魂。让宪法“活”起来，就是要将宪法精神充溢于日常法治中，增强对宪法的认同，激活宪法权利和义务，在国家和社会生活中彰显宪法价值，实现宪法价值的社会化和宪法规范的生活化。原最高人民法院院长肖扬提倡一种宪法阅读和追问精神：“每一个公民都能回过头，再读一读宪法的每一个条款，问一问自己，宪法规定的个人权利是不是得到充分保障，也问一问自己是否忠实地履行了宪法规定的义务；国家机关的每一名工作人员，也再读一读宪法的每一个条款，问一问自己，在行使权力过程中，是不是始终忠诚于宪法。”对宪法的阅读和对是否忠诚宪法的自我追问是十分必要的。十八届四中全会《决定》设立国家宪法日、建立宪法宣誓制度，对于在全社会增强宪法意识、树立宪法权威具有深远意义。要让每一位公民无时无刻不提醒自己，守宪是最基本的义务，违宪是最严重的违法，形成尊重宪法、维护宪法的内心自觉。

在我国公民中，宪法的权威地位还没有完全树立起来，这突出表现在：第一，宪法知识的普及程度不够；第二，整个社会对宪法，以及宪法所包含的法治精神、民主、平等等观念认同不够；第三，违宪审查制度尚未完全建立，宪法对整个法律体系的调控功能无法发挥，统一的法律秩序难以形成；第四，宪法的作用还主要在于宣示，尚未形成司法活动的基础，宪法的条文没有成为司法判断的基本准则。这些问题使得宪法的观念和作用无法充分发挥，也在很大

程度上制约着依法治国方略的进一步推行。

弘扬宪法精神，首先必须充分了解宪法，真正领会宪法的核心要义。宪法是国家的根本法，是治国安邦的总章程，具有最高的法律地位、法律权威、法律效力，具有根本性、全局性、稳定性、长期性。我国宪法确立了中国特色社会主义道路、中国特色社会主义理论体系、中国特色社会主义制度的法律地位，反映了全国各族人民的共同意志和根本利益，是新的历史时期党和国家的中心工作、基本原则、重大方针、重要政策在国家法制上的最高体现。

弘扬宪法精神，要在全社会牢固树立坚持党的领导，坚定不移走中国特色社会主义法治道路的宪法理念。党的领导是中国特色社会主义的最本质特征，是社会主义法治的最根本保证。我国宪法以国家根本法的形式反映了党领导人民进行革命、建设、改革取得的成果，确立了在历史和人民选择中形成的中国共产党的领导地位。在我国，坚持党的领导，是党和国家的根本所在、命脉所在，是全国各族人民的利益所系、幸福所系，是社会主义法治的根本要求和全面推进依法治国的题中应有之义。

弘扬宪法精神，要始终坚持人民主体地位，切实保障公民享有权利和履行义务。列宁曾经说过，“宪法就是一张写着人民权利的纸”。公民的基本权利和义务是宪法的核心内容之一，宪法是每个公民享有权利、履行义务的根本保证。弘扬宪法精神就要依法保障全体公民享有广泛的权利，保障公民的人身权、财产权、基本政治权利等各项权利不受侵犯，保证公民的政治、经济、文化等方面的权利得到落实，努力维护最广大人民的根本利益，保障人民群众对美好生活的向往和追求依法得以实现。

第三节　健全宪法实施的监督保障机制

众所周知，宪法在中国有最高的法律地位，但长期以来，却不能拥有与其地位对应的权威和尊严，究其原因是违反宪法的行为得不到追究，不承担责任，进而丧失权威。法治中国建设，如果不能树立宪法权威，追究违宪责任，则无从谈起。新中国成立以来，我们一直在同滥用权力、以权谋私的行为作斗争。其中，有过成功的经验，也有失败的教训。实践证明，没有健全的法律制度，即使决心再大，措施再好，要保证掌权者始终清正廉洁是比较困难的。因此，必须加强对执法行为和运作国家权力的行为进行有效的法律监督，同时，将法律监督与其他形式的监督有机地结合起来。加强对各级干部特别是领导干部的监督，防止滥用权力，严惩执法犯法、贪赃枉法。

法律之所以有力，在于其刚性，对于违反法律的行为必须要有相应的监督惩戒机制，方能确保法律刚性，进而发挥规则之治的功能。制约宪法刚性和有效实施的瓶颈，恰恰就在缺乏违宪的审查机制。宪法实施保障制度的完善与否直接关系到宪法的权威，而宪法权威又关系到政治的安定、社会稳定和国家的命运。根据法治国家发展的实际，未来的宪法发展的一个基本趋势是逐步完善宪法监督机构，强化宪法实施监督的实效性，及时有效地纠正违宪行为。

宪法监督是由宪法授权或宪法惯例认可的机关，以一定的方式进行合宪审查，取缔违宪事件，追究违宪责任，从而保证宪法实施的一种宪法制度。有效的宪法监督不仅直接实现宪法，而且还为宪

法的有效遵守和以其他方式适用宪法提供了保障。宪法及其实施的状况是衡量一个民主国家的法制是否健全的重要标志。要完善和强化宪法的监督保障机制。对于一切违宪行为都应当有机构、有程序、有手段予以追究。一切违反宪法的法律、法规和规章都会被确认和宣告无效。

宪法监督制度，指的是特定的宪法监督机关依一定权限和程序，取缔或撤销违反宪法的事件或行为，追究违宪责任，保障宪法实施的一项法律制度。宪法监督制度一般包括四个方面的基本内容：一是宪法监督的主体，即宪法文件或宪法惯例授权的特定国家机关；二是宪法监督的对象，即违反宪法，危害宪法秩序的事件或行为以及对事件或行为的发生负有责任的主体；三是宪法监督的方式，即特定国家机关依监督权限进行监督应遵循的条件和程序等；四是违宪救济的手段，主要指通过纠正或制裁违宪行为来维护宪法尊严，表现为撤销违宪的法令文件，弹劾罢免违宪人员等。

我们党依宪执政的一个重要任务就是坚持不懈地抓好宪法实施工作，领导推动健全宪法实施的监督机制和具体制度，保证宪法全面有效实施。第一，各级国家机构尤其是中央和省级国家机构中的党组织要把保障宪法实施作为党的领导的一项重要内容，《党章》应明确规定各级党委做出违宪决策的责任追究制度。第二，全国人民代表大会常务委员会党组要督促常委会切实履行好解释宪法的职权，及时对宪法实施中的问题作出必要的解释和说明。第三，根据《全国人民代表大会组织法》，增设宪法委员会为全国人民代表大会的一个专门委员会，专门研究、审议和拟订有关宪法解释、宪法实施监督的议案。第四，制定“宪法解释程序法”，明确规定提请宪法解释的主体、事由、受理、程序、审议、公布、效力等事项，并赋予公民个人在穷尽法律救济手段之后仍无法维护自己的基本权利时，有提请解释宪法的权利。

一、我国宪法实施的监督制度

宪法监督是保证宪法实施、维护宪法权威和尊严的重要制度形式。宪法实施离不开宪法监督。1954 年宪法特别是 1982 年宪法颁布实施以来，我国不断探索并逐步建立了具有中国特色的宪法监督制度。全面推进依法治国、加强宪法实施，对宪法监督提出了新的更高要求。

我国现行宪法序言明确规定："全国各族人民、一切国家机关和武装力量、各政党和各社会团体、各企业事业组织，都必须以宪法为根本的活动准则，并且负有维护宪法尊严、保证宪法实施的职责。"宪法第 5 条明确规定："一切国家机关和武装力量、各政党和各社会团体、各企业事业组织都必须遵守宪法和法律。一切违反宪法和法律的行为，必须予以追究。任何组织或者个人都不得有超越宪法和法律的特权。"

宪法规定，中华人民共和国的一切权力属于人民；人民行使国家权力的机关是全国人大及地方各级人大。在实行人民代表大会制度之下，我国采用由最高国家权力机关监督宪法实施的体制。新中国第一部宪法即 1954 年宪法第 27 条第 3 项规定，全国人大监督宪法的实施。1975 年宪法对于由什么国家机关监督宪法实施未作出规定。1978 年宪法第 22 条第 3 款规定，全国人大监督宪法和法律的实施。现行宪法第 62 条第 2 项规定，全国人大监督宪法的实施；第 67 条第 1 项在 1954 年宪法和 1978 年宪法规定的基础上增加规定，全国人大常委会监督宪法的实施。这样，依据现行宪法的规定，我国

监督宪法实施的机关是作为我国最高国家权力机关的全国人大及其常设机关的全国人大常委会。

依据2000年制定的立法法第90条规定，我国日常性行使宪法监督权的机关为全国人大常委会。在保证全国人大及其常委会行使监督宪法权的前提下，依据宪法、立法法等的规定，全国人大各专门委员会、全国人大常委会法制工作委员会协助全国人大及其常委会行使宪法监督权。它们的工作主要是协助全国人大和全国人大常委会对被认为违宪的规范性法律文件进行初步审查，并提出审查意见。2004年，全国人大常委会法制工作委员会内还设立了法规备案审查工作室，作为协助全国人大及其常委会行使宪法监督权的专门机构。

目前的宪法监督制度是以国家立法机关为主导，其他国家机关、组织和公民共同参与的模式。就主导机关而言，已形成全国人大、全国人大常委会及其专门委员会和法规审查备案室共同作用的监督结构。就参与监督的主体而言，立法法第90条将宪法监督的权力主体由最高权力机关扩展到国务院、中央军事委员会、最高人民法院、最高人民检察院和各省级人大常委会，赋予这些机关以程序性的违宪审查请求权，一经合法提出，人大受理机构必须无条件分送到各专门委员会进行审查，提出意见。此外，根据立法法第88条第3、5、6项，第89条第4项及第92条的规定，对规章进行审查的机关并非全国人大及其常委会，而是国务院、地方人大乃至省级人民政府。可见，这些机关在规章审查问题上，不再是仅具有程序性权力，已经拥有了实质性权力。其次，全国人大及其常委会既可对法律、法规进行事前监督，也可对其进行事后监督，但其监督均不以争讼案件的存在为前提条件。事后审查又可分为备案审查和受理审查，备案审查是指特定的规范性法律文件公布之初须报有关机关备案以供审查的制度。宪法第 100 条和第 116 条中有关于备案的规定，立法法第 89 条的规定更是详细规定了行政法规、地方性法规、自治条例和单行条例、规章的备案机关，并规定这些法律文件应当在公布后的 30 日内报送有关机关备案。备案审查是按照既定的备案要求而进行的例行公务式的审查，不针对具体争议或异议。受理审查则是一种异议审查，指受理有关机关、组织及公民的要求或建议而进行的审查。①

我国宪法规定，全国人民代表大会有权“改变或者撤销全国人民代表大会常务委员会不适当的决定”；全国人民代表大会常务委员会有权“撤销国务院制定的同宪法、法律相抵触的行政法规、决定和命令”，可以“撤销省、自治区、直辖市国家权力机关制定的同宪法、法律和行政法规相抵触的地方性法规和决议”。

宪法第 5 条规定，一切法律、行政法规和地方性法规都不得同宪法相抵触。宪法第 62 条第 11 项规定，全国人大有权改变或者撤销全国人大常委会不适当的决定。立法法第 88 条第 1 项对宪法第 62 条第 11 项的规定作出具体化的规定：“全国人民代表大会有权改变或者撤销它的常务委员会制定的不适当的法律，有权撤销全国人民代表大会常务委员会批准的违背宪法和本法第六十六条第二款规定的自治条例和单行条例。”立法法第 78 条规定，宪法具有最高的法律效力，一切法律、行政法规、地方性法规、自治条例和单行条例、规章都不得同宪法相抵触。立法法第 90 条规定有权启动宪法监督程序的主体可以提出意见或者建议的对象是行政法规、地方性法规、

① 秦前红、付婧：《中国宪法监督制度的现状与未来》，财新网，2014 年 12 月 3 日。

自治条例和单行条例。全国人大常委会委员长会议通过的《行政法规、地方性法规、自治条例和单行条例、经济特区法规备案审查工作程序》，将宪法监督的对象扩大到经济特区法规。全国人大常委会委员长会议通过的《司法解释备案审查工作程序》将宪法监督的范围扩大到最高人民法院和最高人民检察院的司法解释。综合宪法和有关法律文件的规定，目前我国宪法监督的对象包括全国人大和全国人大常委会制定的法律、全国人大和全国人大常委会作出的具有法律效力的决定决议、行政法规、地方性法规、自治条例和单行条例、经济特区法规、司法解释和规章。

过去宪法规定，全国人大监督宪法的实施。由于全国人大每年开一次会，平时监督就有问题。因此，1982 年宪法规定，全国人大及其常委会监督宪法的实施。把监督宪法实施的权力放到全国人大及常委会比较好，因为全国人大是最高国家权力机关，全国人大常委会是它的常设机关。同时，宪法还规定，“地方各级人民代表大会在本行政区域内，保证宪法、法律、行政法规的遵守和执行”（宪法第 99 条）。

1982 年宪法修改颁行以来，一直有成立专门的宪法实施监督机构的建议，如建议在全国人民代表大会设立宪法委员会。在 1982 年宪法修改审议过程中，曾有诸多设立宪法委员会的意见和建议。1993 年对宪法部分内容进行修改时，也有代表建议在全国人大设立专门委员会性质的宪法监督委员会。设立专门的宪法委员会有助于提高全国人大监督宪法实施的主动性、积极性和实效性，改善全国人大及其常委会职权的行使。全面贯彻实施宪法，必然要健全宪法保障制度和宪法监督体制，明确宪法保障机构运作的原则、程序与职权。

1982 年宪法虽然规定了一切违反宪法和法律的行为，必须予以追究。同时，规定了全国人大的职权包括监督宪法的实施，全国人大常委会的职权包括解释宪法，监督宪法的实施。但宪法通过后，监督宪法实施的机构一直付之阙如，缺乏执行机构，违反宪法的行为自然也得不到法治框架内的纠正和追究。比如劳动教养制度实施了 50 多年，一直处在违反宪法状态，舆论和学术界的批评很多，但直到去年十八届三中全会作出决定后，才由全国人大常委会废除相关决定。如果有违宪审查机构和程序，这种明显的违宪行为，才有可能及时得到纠正以维护宪法权威和尊严。

2013 年 11 月 12 日党的十八届三中全会通过的《中共中央关于全面深化改革若干重大问题的决定》再次强调："要进一步健全宪法实施监督机制和程序，把全面贯彻实施宪法提高到一个新水平。建立健全全社会忠于、遵守、维护、运用宪法法律的制度。"十八届四中全会公报提出，健全宪法实施和监督制度，完善全国人大及其常委会宪法监督制度，健全宪法解释程序机制。十八届四中全会《决定》指出："宪法是党和人民意志的集中体现，是通过科学民主程序形成的根本法。坚持依法治国首先要坚持依宪治国，坚持依法执政首先要坚持依宪执政。全国各族人民、一切国家机关和武装力量、各政党和各社会团体、各企业事业组织，都必须以宪法为根本的活动准则，并且负有维护宪法尊严、保证宪法实施的职责。一切违反宪法的行为都必须予以追究和纠正。"十八届四中全会完善宪法监督制度，在一次以法治建设为主题的中央全会上明确提出这个要求，无疑对促进宪法有效实施的制度建设具有强大的推动力，而违宪审查机构的设立和相应的立法，才能唤醒沉睡的宪法，让宪法真正成为绝不允许侵犯尊严的最高法律。

二、我国宪法监督制度的完善

在我国，很长一段时期以来，很多人把宪法监督和违宪审查混为一谈。其实，二者并不是同一概念，在我国逐步建立健全违宪审查制度的今天，有必要对宪法监督和违宪审查有一个清楚的认识。有的国家宪法规定了完备的宪法监督实施制度，但违宪审查制度并不完善；有的国家宪法并没有规定宪法监督制度，但却有着完备的违宪审查制度。宪法监督是指为保障宪法实施所采取的各种办法、手段、措施和制度。它是一个含义很广的概念，是指为使宪法得到不折不扣的执行而采取的各种措施，包括违宪审查，也包括对宪法实施的其他方面进行监督。所谓违宪审查，是指特定的国家机关对某项规范性文件或某种行为是否合宪所进行的具有法律效力的审查和处理。这一活动的主要目的就是纠正和制裁违宪行为，尤其是立法机关和行政机关制定违宪的法律和法律性文件的行为，以制约国家权力，保障公民权利，保证宪法的有效实施。它是宪法监督的重要措施之一。

在宪法监督问题上，学术界比较公认的做法是设立专门的宪法委员会，开展违宪审查以实现宪法监督。所谓违宪审查实际上包括两个方面，一个是法律法规违反宪法，一个是行为违反宪法。无论是前者，还是后者，都需要有专门的机构和程序开展违宪审查，并作出是否违反了宪法以及如何处理的决定。违宪审查对宪法实施的重要意义，是毋庸置疑的。

然而，在我国宪法学界乃至整个法学界普遍存在着一种过分强调违宪审查的倾向，甚至认为宪法实施就是违宪审查，将违宪审查视为宪法实施的全部内容，特别是把司法化的违宪审查（即司法审查）等同于宪法实施。这是我国宪法实施的一大误区。即使是违宪审查实践在全球享有极高声誉的美国，其违宪审查也并不等于宪法实施的全部。即使美国联邦最高法院审理违宪审查案件，也不是全部宣布所审理的法律违宪。近些年来，泰国宪法法院动不动就宣布总理违宪或者某个政党违宪，介入政治过深，伸手太长，它自身成了导致泰国政局动荡不安的根源之一，就是一个典型的例证。

严格说来，违宪审查并不是宪法实施的方式，而是宪法实施的保障。然而，违宪审查，处理违宪问题，违宪审查机关必须依照宪法的有关规定来处理，直接适用有关宪法条款来审查处理。正是在这一意义上我们说，违宪审查也是一种宪法实施，它是宪法实施的特殊方式。从世界各国的宪法实践经验可知，违宪审查特别是由法院负责的违宪审查制度是宪法实施的重要保障，是保障宪法实施的最重要最有效的制度。为全面贯彻实施宪法，我们中国当然应该建立健全行之有效的违宪审查制度，充分重视违宪审查这一宪法实施的特殊方式和重要保障，我们应当继续为改革完善我国现行违宪审查制度而不懈努力。

但同时值得强调的是，违宪审查不是万能的，我们不要过分迷信违宪审查制度包括司法化的违宪审查制度，不要以为有了司法化的违宪审查制度即司法审查制度，宪法实施就万事大吉了。而且，违宪审查也不是唯一的宪法实施方式，它不是宪法实施的常态。我们不能因为重视违宪审查的宪法实施方式，就否定或者忽视宪法实施的其他方式，更不能因为我们要致力于构建行之有效的违宪审查制度，就完全排斥宪法实施的其他方式。其实，宪法实施就是宪法

的具体条文规定及其原则精神在现实生活中的贯彻落实，其方式有很多。从我国宪法文本的规定及立宪说明来看，宪法遵守和宪法执行是我国宪法实施的主要方式。其中，宪法遵守是一种消极的宪法实施方式，侧重不违宪，而宪法执行是一种积极主动的宪法实施方式，强调运用宪法来处理具体事情。宪法解释、宪法修改、依宪立法、依宪解释，都属于宪法执行的形式并各具特色，违宪审查只是一种负责违宪审查的特殊的宪法实施方式。因此，对于包括违宪审查在内的各种宪法实施方式，我们都要予以充分重视。①

完善全国人大及其常委会宪法监督制度。我国宪法规定，全国人大及其常委会负责监督宪法的实施。这体现了全国人大是最高国家权力机关、代表人民统一行使国家权力的制度设计，实践证明符合我国国情。十八届四中全会《决定》强调“完善全国人大及其常委会宪法监督制度”，既突出了全国人大及其常委会具有最高的宪法监督权，又指明了推进宪法监督制度化的努力方向。要健全监督机制和程序，进一步明确全国人大及其常委会进行宪法监督的对象、范围、方式等，将原则性要求具体化、程序化，使宪法监督更规范、更有效。

充分发挥宪法解释作用。依据宪法精神对宪法规定的内容、含义和界限作出解释，对于保证和监督宪法全面贯彻实施至关重要。面对错综复杂的国际局势和艰巨繁重的国内任务，特别是在全面建成小康社会的决定性阶段，依法解决改革发展面临的新情况新问题，维护国家统一、民族团结和社会稳定，都需要注重运用宪法解释，

① 上官丕亮：《宪法实施的三大误区》，《四川大学学报》（哲学社会科学版）2014 年第 5 期。

强化宪法监督功能和效力。为推进宪法解释具体化、制度化，十八届四中全会《决定》强调，“健全宪法解释程序机制”。要建立完善宪法解释制度，明确宪法解释提请的条件、宪法解释请求的提起和受理以及宪法解释案的审议、通过和公布等具体规定，保证宪法解释贯彻落实，同宪法修改等优势互补，与法律解释等同步推进，使我国宪法在保持稳定性和权威性的基础上紧跟时代前进步伐、不断与时俱进。

加强备案审查制度和能力建设。对法律、行政法规、地方性法规等进行备案审查，是宪法监督的重要内容和环节。据统计，截至2013 年年底，全国人大常委会累计收到报备案的行政法规 502 件、地方性法规（包括自治条例和单行条例）22253 件、司法解释 189 件，对在审查中发现的同宪法法律相抵触的问题，已督促制定机关修改或废止。十八届四中全会《决定》强调，加强备案审查制度和能力建设，把所有规范性文件纳入备案审查范围，依法撤销和纠正违宪违法的规范性文件，禁止地方制发带有立法性质的文件。要健全完善备案审查机制，提高制度执行力和约束力，加强立法监督机构相互合作，建立健全协调沟通机制，切实提升备案审查能力，增强备案审查的实际效能，维护宪法和法律统一。

引导社会各方面积极参与宪法监督。我国一切权力属于人民，对包括宪法实施本身，每个公民都既有自觉尊重和维护的责任，又有参与监督的权利与义务。据统计，自 2004 年以来，由公民和组织提出的各类审查建议有 1137 件，其中属于全国人大常委会备案审查范围的 475 件。要充分发挥社会主义协商民主在宪法监督中的重要作用，注重发挥人民政协和统一战线的民主监督作用，组织引导各

民主党派、各人民团体和社会各界人士就宪法实施、宪法修改和宪法解释等涉及的重大问题深入调查研究，积极建言献策。要拓展公民有序参与宪法监督的途径，探索建立意见处理和反馈机制，充分调动社会各方面参与宪法监督的积极性，使之具有更加广泛的共识和坚实基础。①

① 杜青林：《健全宪法实施和监督制度》，《人民日报》，2014年11月11日。